이 책을 먼저 읽은 부모들의 찬사
★★★

이 책을 읽지 않았더라면 어떻게 되었을까요. 언제나 저는 아이에게 완벽한 모습만을 바라 왔다는 것을 비로소 알게 되었습니다. 아이에게 한없이 미안해지더군요. 지금까지 많은 육아서들을 읽어 왔지만, '아이를 위해 지금이라도 달라져야겠다!'라는 생각이 든 건 이 책이 처음이었습니다. 지금 이 감정을 절대 잊지 않을 겁니다. -guriguri

부모가 된 뒤 때때로 아이에게 소리 지르는 제 자신을 발견하곤 합니다. 이 책에서 말하는 엄마가 저인 것 같아 얼굴이 화끈거렸습니다. 다 읽고 난 뒤, 남편에게도 권했어요. 조금씩이지만 같이 달라지고자 노력 중입니다. 그 덕분인지 예전보다 집 안에서 웃음소리 나는 일들이 많아졌습니다. 육아는 하루 만에 완성되지 않기에 매일매일 반복해서 읽으며 한 문장, 한 문장 마음에 새기기 위해 노력하고 있습니다. -chuchu2982

아이에게 매일 화만 내는 것 같아 고민이 많았습니다. 점점 육아에 대한 자신감도 잃어 갔지요. 그러던 중 이 책을 알게 되었습니다. 상황별로 구체적인 방법들이 나와 있어서 정말 많은 도움이 되더군요. 힘을 내어 열심히 실천 중입니다. -타카코

한 번도 이렇게 생각해 본 적이 없었습니다. 그동안 제가 얼마나 나쁜 부모였는지 뼈저리게 깨닫게 해 준 책입니다. -무타

선생님의 강연을 듣고 팬이 되어 버렸습니다. 23년 동안 교직에 계셨던 분인지라 설득력이 넘치는 설명들과 구체적인 방법들이 담겨 있어 매우 도움이 되었습니다. -마마사프리

말 습관을 바꾼다는 게 쉽지만은 않습니다. 하지만 많은 육아서를 읽어 보아도, 이 책에서 말하는 방법만큼 효과적이진 않았습니다. -히카리

많은 사람들이 아이를 때리는 것만 학대라고 생각합니다. 말 또한 그럴 수 있음을, 말이 아이에게 어떠한 영향을 미치는지 이 책을 통해 알 수 있었습니다. 혼내거나 잔소리하지 않고도 얼마든지 아이를 잘 가르칠 수 있다는 저자의 말에 지난 시간들을 반성했습니다. 아이에게 무엇을 하라고 강요하기 전에 부모가 먼저 이 책을 읽고 말을 공부하는 시간을 가졌으면 좋겠습니다. -sonojordan

아이를 키우는 부모에게 무엇이 가장 소중한지 깨닫게 해 준 책! 이 책을 읽고 저의 육아를 되돌아볼 수 있었어요. -채근담

3살 엄마의
말사용법

"DAME!" WO IWANAKEREBA KODOMO WA NOBIRU

Copyright © 2011 by Chikara OYANO
First published in Japan in 2011 by PHP Institute, Inc.
Korean translation rights arranged with PHP Institute, Inc.
through EntersKorea Co., Ltd.

이 책의 한국어판 저작권은 저작권은 ㈜엔터스코리아를 통해 일본의 PHP Institute, Inc.와 독점 계약한 글담출판사에 있습니다. 신 저작권법에 의하여 한국 내에서 보호를 받는 저작물이므로 무단전재와 무단복제를 금합니다.

3~5세,
공부·습관·자존감을
높여 주는
말의 비밀

3살 엄마의 말 사용법

오야노 치카라 지음 | 최윤영 옮김

글담출판

| 추천사 |

부모의 긍정적인 말은
아이교육의 최고 수단이다

_ 김영훈(가톨릭대학교 소아청소년과 교수, 『아이의 공부두뇌』 저자)

    부모들은 착각합니다. 무엇을 가르치고 알려 주느냐에 따라 아이의 미래가 달라질 것이라고 믿지요. 그래서 아이에게 한 번 더 책을 들이밀고, 숫자를 말해 보라고 강요합니다. 아이가 싫어하면 "그만해." "하지 마." "안 돼."라고 끊임없이 다그칩니다. 그렇게 아이는 책 읽기와 숫자 공부가 싫어지고 부모와도 사이가 멀어집니다.

    사실 아이들은 매사에 서툴고, 나쁜 습관을 고치거나 하기 싫은 일들은 하지 않으려 합니다. 물론 스스로 일어나고 장난감을 갖고 논 후 바로 정리정돈하는 아이들도 있겠지만, 그건 소수입니다. 부모의 충고는 그저 아이에게 잔소리로만 들릴 뿐이죠.

    이 책의 저자는 이러한 아이와 부모의 어긋남이 '말'에서 비롯한다고 말합니다. 20년 뇌신경과학과 교육심리학을 연구해 온 저 역시 그렇게 생각합니다. 그동안 소아청소년과 전문의로서 수많은 아이들을 만나 왔습니다. 그때마다 엄마의 말이 두뇌발달뿐만 아니라 아이 성장에 전반적인 영향을 끼치는 걸 알 수 있었습니다. 특히 부정적인 말은 아이를 얼어붙게 하고 위축시키는 반면 긍정적인 말은 간단하지만 매우 즉각적인 효과를 불러일으키는 것을 여러 차례 목격했습니다.

예를 들어 동물 그림책을 읽으면서 엄마가 "하마는 뭘까?" 하고 물었을 때 24개월 된 아이가 해당 동물을 정확하게 짚어 내면 엄마는 "잘했어!"라는 칭찬을 합니다. 곧바로 아이의 얼굴에는 자랑스러운 표정이 드러나며 방금의 행동을 반복합니다. "ㅇㅇ는 몇 살이야?"라는 물음에 정확하게 나이에 해당하는 수만큼 손가락을 펴는 아이를 향해 "아유, 똑똑해라!"라고 한번 칭찬해 보세요. 그러면 아이는 분명하게 자신의 나이를 인지할 수도 있습니다.

부모의 긍정적인 말은 매우 효과적인 아이교육 수단입니다. 같은 말도 잔소리가 아닌 도와주는 말이라면 아이가 책 읽기와 숫자 공부를 좋아하게 될 수 있습니다. 이와 관련하여 말이 실질적으로 아이 두뇌에 어떤 영향을 끼치는지 살펴보고자 합니다.

뇌 속에는 해마라는 것이 있습니다. 이는 기억을 담당하고 학습과 감정 행동을 조절합니다. 일본 이화학연구소 뇌과학종합연구센터의 야마구치 박사는 "해마는 깨어 있는 동안 경험하고 기억한 사건들을 자면서 재생하고 필요한 것만을 걸러 대뇌피질에 보낸다."고 하였습니다. 즉 단기 기억을 장기 기억으로 바꾸는 기능을 하죠. 아이에게 건넨 부모의 말들은 여기에서 관리된다고 할 수 있습니다. 특히 해마는 부정적인 기억보다 긍정적인 기억을 담당합니다. 그래서 항상 긍정적인 말을 들은 아이는 무의식적으로 높은 자존감을 가지고, 어느 분야에서나 최고가 되고자 노력하는 삶을 선택하게 됩니다.

특히 해마는 자는 동안 기억을 응고화하기 때문에 아침에 일어나는 순간 모든 감정이 재정비되고 불안과 고뇌가 완전히 사라집니다. 이때를 놓치지 말고 긍정적인 말로 아이의 의욕을 키워 줘야 합니다.

부모가 소리 지르는 괴물이 되는 순간, 교육은 실패한다

이 책에서 저자는 대화의 중요성을 강조하며 아이교육을 위한 효과적인 방법을 제시합니다. 무엇보다 공감하였던 부분은 부모가 조바심을 내고 야단을 치는 순간 아이의 눈에 부모가 적군으로 인식된다는 설명이었습니다.

아이와 좋은 관계를 만들고, 유지하는 것은 무엇보다 중요합니다. 지금까지 잘해 왔더라도, 지속적으로 신경을 써 주지 않으면 언제든지 무너질 수 있는 것이 부모 자식 관계입니다. 그래서 엄한 가르침보다 아이와의 즐거운 시간을 우선해야 합니다. 사랑한다는 말, 따뜻한 포옹이 곁들어진 애정 표현은 필수입니다. 밝은 표정으로 이야기를 들어 주면 아이는 스스로를 소중한 존재라고 느끼게 됩니다. 그 후에 아이에게 실현 가능한 목표를 제시하고 가르침을 시작하는 것이 좋습니다.

누구나 잘하는 것이 있습니다. 공부에 국한하지 말고 잘 웃거나 인사를 잘하는 등 작은 행동들일지라도 장점을 발견하여 아이를 칭찬해 주어야 합니다. 부모가 항상 웃음과 애정이 가득한 표정으로 대한다면 아이는 그런 부모의 모습을 보면서 자신을 긍정적으로 인식하게 됩니다. 이것이 전두엽에 있는 거울뉴런의 기능입니다. 진심 가득한 칭찬을 건네는 부모를 보면서 아이가 '나는 엄마, 아빠가 사랑할 만한 아이구나.'라고 긍정적으로 자신을 평가하는 거죠. 부모와 서로 마주 보고 웃으며 대화할 때 아이의 마음은 사랑과 긍정적인 기분으로 차오릅니다. 그러면 자연스레 부모의 말에 귀 기울이고 부모와의 약속을 지키기 위해 노력하게 됩니다.

3~5세 교육, 욕심과 기대를 버리고 작은 목표에서부터

이를 위해서 부모들은 욕심과 기대를 다스릴 줄 알아야 합니다. 부모가 바라는 모습을 아이에게 기대하는 것이 아니라, 아이가 익힐 수 있는 최소한을 기준으로 잡아 교육해야 합니다. 이 책의 또 다른 장점은 부모의 이러한 욕심과 이상을 끊임없이 주의시키며 아이의 발달 단계에 맞게 목표를 제시해 준다는 점입니다.

예를 들어 아이에게 책상에 앉는 습관을 길러 주고자 한다면, 책상에 앉아 책을 읽거나 공부를 하는 모습을 기대할 것이 아니라, '무언가를 할 때는 책상에 앉아서!'를 목표로 해야 한다고 일러 줘야 합니다. 비록 책상에 앉아 놀더라도 그 습관을 미리 익혀 놓으면 후에 진짜 집중력이 필요한 시기에 도움이 된다는 거죠.

　지금은 작은 목표에 불과해 보일지라도 이것들은 나중에 아이 성장에 바탕이 되어 줍니다. 연구에 의하면 저녁 식사를 함께하는 습관이 있는 아이들은 숙제를 미루지 않는 모습을 보인다고 합니다. 성적이 좋을 뿐만 아니라 감정조절능력이 뛰어나고 자신감도 넘친다고 합니다. 매일 아침 자신의 손으로 침대를 정리하는 아이들은 학업성취도와 행복지수가 높고 용돈을 통제하는 능력 등이 뛰어난 것으로 나타났습니다. 가족과 함께하는 식사나 침대 정돈과 같은 작지만 규칙적인 행동들이 연쇄 반응을 일으켜 다른 좋은 습관들도 몸에 배도록 자극하는 것입니다. 목표 달성을 통해 성취감을 느낄수록 아이는 다양한 시도를 스스로 해 보며 끊임없이 발전해 나갈 수 있게 되는 거죠. 그래서 목표의 크기보다 목표를 이룬 경험들을 많이 가질 수 있도록 해 주는 것이 더욱 중요합니다. 그 경험들이 성장의 촉발제가 되기 때문입니다.

　아침에 일찍 일어나기, 정리정돈하기, 해야 할 일을 미루지 않기 등 의식적으로 하던 일들을 습관적으로 행하기 시작하면 아이들의 행동 패턴은 긍정적인 방향으로 바뀝니다. 이는 삶의 기본이 되는 핵심 습관을 만들어 나가는 과정으로 신경학의 자연스러운 결과이기도 합니다. 뇌를 바꾸어 가는 거죠.

 이 모든 걸 가능하게 만드는 것이 바로 부모의 말이라고 저자는 주장합니다. 하나의 행동이 아이에게 습관으로 자리 잡히는 데 부모의 말이 결정적인 영향을 끼친다는 거죠. 저 역시 거기에 동의합니다. 작은 목표, 작은 습관도 어떠한 계기가 없으면 습관이 되기 힘듭니다. 하지만 그 습관이 자리 잡히는 순간을 같이 기뻐해 주는 사람이 있거나, 그 행동을 반복하도록 독려해 주는 사람이 있다면 아이는 하나하나 바른 습관들을 몸으로 익혀 나갈 수 있을 것입니다. 이 책을 읽고 이를 명심해 준다면 정말 좋겠습니다.

올바른 첫 교육을 시작하는 길잡이

 부모의 입장에서 아이의 미래는 언제나 불안할 겁니다. 그러나 항상 자신에게 무언가를 지시하기만 하는 부모와 대화하고 싶은 아이는 없습니다. 얼굴을 보자마자 무턱대고 잔소리만 하는 사람은 모두가 피하고 싶어 하죠.

　잔소리는 아이의 자율성을 해칩니다. 반면 긍정적인 부모의 말은 아이 안에 내재된 동기를 활성화시켜 자율성을 키워 줍니다. 연구에 따르면 자신에게 주어진 일이 재미있고 의사결정 과정에서 자유를 느끼면 그 일을 지속하는 힘이 강해진다고 합니다. 그러니 느긋한 마음으로 아이 스스로 자신의 인생을 만들어 갈 수 있도록 기다려 주어야 합니다.

　이 책은 그 과정에서 부모의 불안을 잠재우고 아이에 대한 믿음을 바탕으로 올바른 첫 교육을 시작하는 길잡이가 되어 줄 것이라고 생각합니다.

| 프롤로그 |

가르치려는 부모와 도망가려는 아이, 모든 문제는 '말'이다

"선생님의 이야기를 듣고 눈이 번쩍 뜨였습니다. 그리고 마음이 아파 눈물이 났습니다. 강연 내용은 정말이지 모두 옳은 이야기뿐이었습니다. 왜 지금까지 스스로 깨닫지 못했는지 이상할 정도입니다."

"오야노 선생님의 잡지를 항상 재미있게 읽고 있어요. 선생님의 책도 거의 다 읽었습니다. 그때마다 저는 제 말투를 반성했어요. 창피한 이야기이지만 저는 말투가 너무 거칠어요. "이런 것도 못 하다니." "또 꾸물거리지! 몇 번을 말해야 하니!"라고 아이에게 쏘아붙이듯이 말하지요. 좀 더 일찍 들었으면 좋았을 텐데, 너무 후회가 되네요. 지금 시작해도 늦지 않을까요?"

저의 강연회가 끝나고 찾아오는 사람들 혹은 잡지를 보고 나서 감상을 보내오는 부모들이 가장 많이 쓰는 말은 '좀 더 일찍'이라는 표현입니다. "좀 더 일찍 읽었다면." "좀 더 일찍 들었다면 좋았을 텐데."라면서 다들 후회를 하죠.

아이는 만 2~3세가 되면 의사소통이 자유로워지고 의사가 확고해집니다. 고집도 생기지요. 두뇌발달도 눈으로 확연하게 보입니다. 이런 때에 부모들은 수많은 과제와 직면하게 됩니다. 사회적 규범에 따라 해야 할 행동과 하지 말아야 행동을 가르쳐야 하고 어린이집에 가기 전에 위생 습관도 지도해야 할 것 같습니다. 기본 예의범절부터 생활 습관 등 한창 성장 중인 아이에게 어떤 것부터 교육시켜야 할지 부모들의 마음은 분주해지죠. 조금씩 독서교육을 비롯하여 글자를 하나둘씩 가르치는 것도 이 무렵입니다. 빠른 부모들은 영어, 창의수학, 악기 등을 가르치기도 합니다.

이때부터입니다. 자신도 모르게 아이를 향해 "안 돼!" "하지 마!" "엄마가 안 된다고 하면 안 되는 거야!" "다른 아이들은 모두 잘하잖아. 봐봐." "빨리빨리 안 해?"와 같은 말들을 하루에도 몇 번씩 내뱉습니다.

이런 말들로 상처 받는 건 아이만이 아닙니다. 오히려 부모들이 더욱 상처 받고 후회합니다. 사실 아이에게 상처를 주고 싶은 부모는 없습니다. 언제나 좋은 것만 들려 주고 보여 주고 먹이고 싶은 게 부모의 마음이죠. 하지만 아이를 향한 욕심과 기대는 첫 교육 시기와 맞물려 부모의 말투를 바꿔 놓는 요술을 부립니다.

'교육'이란 말은 참 요상합니다. 사랑스럽기만 했던 자녀를 갑자기 미워 보이게 만들거든요. 부모 마음에서 일어나는 조급증은 이를 더욱 부추깁니다. 또래 아이들에 비해 내 아이의 부족한 모습만이 도드라져 보이기도 합니다. 만약 그러한 요술이 시작되었다면, 지금부터 자신의 말투를 점검하고 올바른 말 사용법을 익혀야 합니다. 시간이 지나면 자신도 모르게 부정적인 말들이 어느새 입에 붙어 버리기 때문입니다.

무엇보다 아이는 부모의 말을 통해 배웁니다. 특히 어휘력과 자율성이 발달하고 자존감이 자리 잡으며 두뇌가 폭발적으로 성장하는 이 시기에 말은 아이의 성장을 좌우할 정도로 많은 영향을 미칩니다. 부모가 하는 말대로 아이가 클 수도 있습니다.

그렇기 때문에 나중에 '좀 더 일찍 알았더라면'이라는 후회를 하지 않도록 아이의 첫 교육을 성공적으로 시작할 수 있는 말들을 배울 필요가 있습니다. 이를 알게 되면 말 안 듣는 아이와 엄마 간의 전쟁을 끝낼 수 있습니다. 부모와 자녀의 관계가 더욱 돈독해져 아이를 올바로 지도할 수도 있게 되지요.

부모의 말이 달라지는 절대 조건

말에는 사람의 마음이 그대로 반영되기 마련입니다. 아무리 내 아이가 소중해도 하루 종일 집 안에서 어린아이와 보내거나 끝도 없는 집안일을 반복하다 보면 엄마는 지치고 우울해집니다. 자꾸만 넘치려고 하는 감정을 간신히 붙잡고 있는 와중에 아이의 작은 잘못이라도 보이면 화가 납니다. '내가 지금 누구 때문에 이 고생인데.'라는 마음이 들기 시작하는 거죠.

그러니 먼저 부모의 마음을 살펴봐야 합니다. 부정적인 마음 상태에선 말 공부가 제대로 되지 않습니다. 다친 마음을 치유하고, 잘못된 마음에서 비롯한 생각을 바로잡을 필요가 있습니다.

어쩌면 여기서 제가 들려주는 말들이 때로는 너무 아프게 들릴 지도 혹은 진짜 이렇게만 해도 되는 걸까 의문이 들지도 모르겠습니다. 하지만 귀담아 들어 주세요. 그리고 꼭 실천해 보았으면 좋겠습니다. 부모는 '자기번역력'을 갖춰야 합니다. 말을 입 밖으로 내뱉기 전 다시 한 번 아이에게 좋은 말인지, 좋지 않은 말인지 되새겨 보는 거죠. 부모의 마음이 계속 그대로라면 말은 바뀌지 않습니다.

'습관은 바르게, 자존감은 높게, 공부는 즐겁게'
가르치는 상황별 말 사용법을 담다

저는 2주에 한 번 부모들을 찾아가는 메일 잡지를 발행하고 있습니다. 이 잡지로 '교육 부문 5년 연속 1위 매거진'이라는 과분한 상을 받았지요. 그렇게 된 데에는 제 23년 동안의 교사 경력도 보탬이 되었지만 그보다 현장에서 만난 수많은 부모들의 이야기가 더욱 도움이 되었습니다. 그들을 만나면서 다양한 고민들을 대해 왔기 때문에 누구보다 구체적인 해결 방법을 고민할 수 있었죠.

이를 바탕으로 이 책에서는 3~5세 부모들이 가장 고민하는 '습관, 자존감, 공부'와 관련해 자주 부딪히게 되는 상황별로 부모들의 말을 살펴보고자 합니다. 읽고 현실에서 바로 실천이 가능하도록 가급적 구체적인 상황 속에서 말 사용법을 이야기할 예정입니다. 그리하여 유아기 교육에서 많은 부모들이 중요하게 여기는 '습관은 바르게, 자존감은 높게, 공부는 즐겁게' 가르칠 수 있는 방법을 들려주고자 합니다.

물론 책의 한계상 모든 상황을 다루고 모든 말들을 소개할 수는 없습니다. 다만 이 책을 처음부터 끝까지 읽고 나면 아이를 성장시키는 말들의 공통점을 발견할 수 있을 것입니다. 같은 말도 다른 상황에서 변용하여 쓸 수 있는 거죠. 이를 깨닫고 나면 여기에서 언급하지 않은 상황이나 문제에 부딪혔을 때에도 얼마든지 말들을 응용하며 대처할 수 있게 될 것이라 기대합니다.

이 책을 읽고 있는 당신이라면, 제가 여기에 담지 못한 것들까지 헤아리고 깨달을 수 있으리라 생각합니다. 당신은 이미 모든 자녀교육의 해결책을 가지고 있습니다. 이미 충분히 좋은 부모입니다. 단지 그 방법을 몰라서 잠깐 시행착오를 겪는 것뿐입니다. 그리고 그것은 너무나 당연합니다.

 언제나 자신보다 아이를 먼저 생각하며 오늘도 아이를 위해 공부하고자 하는 당신에게 이 책이 진정한 도움이 되기를 간절히 바랍니다.

차례

추천사 » 부모의 긍정적인 말은 아이교육의 최고 수단이다 • 4
프롤로그 » 가르치려는 부모와 도망가려는 아이, 모든 문제는 '말'이다 • 12

제1장 » 아이의 첫 교육은 부모와의 대화로 시작한다

01 — 만 3세, 부모는 아이의 교육을 고민하기 시작한다 • 26
　　　갑자기 꼬이기 시작하는 육아, 원인은 말

02 — 우리 아이 첫 교육, 엄마의 말 공부부터 • 31
　　　아이의 성장 특징으로 살펴보는 부모의 말이 가져오는 효과

03 — 혼내서 가르치는 것의 효과는 일시적이다 • 37
　　　긍정적인 말들의 진짜 효과는 오랜 시간 후에 나타난다

04 — 평소 나는 어떻게 말하고 있을까? • 43
　　　자기번역력이 필요하다

제2장 » 마음가짐에 따라 엄마의 말이 달라진다

01 — 세 살 습관, 여든까지 가지 않는다 • 56
　　　아이는 완성품이 아니다

02 — 아이의 자존감보다 우선하는 가르침은 없다 • 64

03 — 부모의 사랑 가득한 대화가 아이를 변화시킨다 • 69
　　　부모와의 대화는 아이의 사회성을 좌우한다

04 — 부모의 이상향을 강요해서는 안 된다 • 78

제3장 » '공부는 즐겁게, 습관은 바르게, 자존감은 높게' 키우는 엄마의 말

01 — 공부 – 아이는 엄마의 말로 공부의 첫인상을 결정한다 • 86
　　　도대체 몇 번을 가르쳐 줬는데도 틀리는 거니?
　　　무엇이 재미있니? 어때? 궁금하지 않니? | 정말 대단하다, 이렇게 잘하는구나
　　　어려운 건데 대단하구나 | 칭찬이 가진 놀라운 힘
　　　📢 방법을 알면 쉬워진다! ▶ 학습지와 숙제가 즐거워지는 법

02 — 습관 – "빨리빨리!"를 버리면 아침이 여유로워진다 • 104
　　　빨리 안 일어날래? 꾸물거리지 좀 말고! | 왜 그러니? 무슨 일 있니?
　　　오늘 유치원에서 네가 좋아하는 텃밭 활동 하는 날이네?
　　　📢 방법을 알면 쉬워진다! ▶ 늑장 부리는 아이에게 시간개념을 만들어 주는 법

03 — 습관 – '이유'를 알려 주면 스스로 할 수 있게 된다 • 113
　　　맨날, 늘, 항상이란 말 대신 요즘, 오늘, 지금 | 왜 하기 싫은지 말해 줄래?
　　　엄마가 하라고 하면 그냥 해 | 엄마랑 약속했잖아
　　　📢 방법을 알면 쉬워진다! ▶ 하루 습관을 자기 주도적으로 기르는 법

04 — 자존감 – 부모의 평가로 자신을 판단하고 행동을 결정한다 • 123
　　　거짓된 칭찬일지라도 아이에게 건네야 하는 이유 | 잘못된 칭찬용어가 문제다
　　　📢 방법을 알면 쉬워진다! ▶ 칭찬을 습관화하는 방법

05 — 자존감 – Yes, Yes……, But 대화법 • 137

제4장 » 잘못된 감정 표현은 아이교육에 '독'이 된다

01 — 상처 주는 것이 습관이 되는 이유 • 146

02 — 감정을 다루는 데 서툰 부모를 위한 대처법 • 150
감정이 휘몰아친다면, 아이와 거리를 둔다
아이에게 상처 주지 않고 감정을 표현하는 법 | 감정의 원인을 찾아야 한다
아이에게 화를 내는 것은 결코 나쁜 행동이 아니다

03 — 그래도 잘 되지 않을 때의 궁극의 방법, 못 본 척 해라 • 158

04 — 엄마 혼자 육아를 짊어져서는 안 된다 • 163
도와주는 아빠가 아니라 '하는' 아빠로 | 다른 사람에게 도움을 요청하는 법

제5장 » 다음 단계의 교육으로 나아가기 전, 잊지 말아야 할 점들

01 — 초심이 옳을까? 욕심이 옳을까? • 180
초심과 욕심 사이의 균형

02 — 우리 아이는 대기만성형? • 185

03 — 아이가 말을 안 듣는 것은 당연하다 • 191

에필로그 » 지금이라도 늦지 않았다 • 195

제 1장

아이의 첫 교육은
부모와의 대화로 시작한다

1. 만 3세, 부모는 아이의 교육을 고민하기 시작한다
2. 우리 아이 첫 교육, 엄마의 말 공부부터
3. 혼내서 가르치는 것의 효과는 일시적이다
4. 평소 나는 어떻게 말하고 있을까?

　요즘 엄마들을 만나 보면 대단히 지혜롭고 똑똑합니다. 지나친 조기 교육은 아이의 성장을 저해한다는 의식이 강해져, 예전처럼 이른 나이부터 학원을 보내고 교육열을 올리는 사람들은 보기 드물어졌습니다. 그런데 이런 양상과는 별개로 여전히 '교육'은 엄마와 아이 사이에 많은 문제를 야기하고 있습니다. 왜 그런 걸까요?

　"사교육 없이 명문대 합격!"

　"사법시험 최연소 합격!"

　이런 기사 제목을 보면 어떤 생각이 드나요? 내 아이도 저렇게 컸으면 하는 마음이 생기지 않나요? 실제로 많은 엄마들은 명문대 합격생, 각종 고시 합격생 등 전국의 내로라하는 사람들의 합격 비결을 궁금해합니다. 그리고 내 아이도 그렇게 자라기를 바라죠. 아이가 성공하여 행복한 삶을 영위하기를 모든 부모들은 원합니다. 너무나 당연한 바람 아닌가요? 그러니 그렇게 생각한다고 자신을 속물 부모라며 자책하지 않아도 됩니다. 특히 영유아기는 아이를 향한 부모의 기대와 관심이 가장 높을 때입니다. 그래서일까요? 갑자기 부모와 아이 사이에 실랑이가 늘어나면서 관계가 어긋나기 시작합니다.

도대체 그 이유가 무엇일까요? 바로 아이의 첫 교육을 시작하는 시기이기 때문입니다. 교육이라고 하니, 갑자기 낯선가요? 에이, 아이가 아직 어린데, 무슨 교육이냐고요? 우리 집은 조기교육에 관심 없다고요? 아이들은 만 2~3세가 되면 양치하기, 외출 후 손 씻기, 어른에게 인사하기를 시작으로 다양한 교육을 받습니다. 그리고 그러한 교육들은 대부분 가정에서 이루어지지요. 더군다나 유아기는 아이 성장에 필요한 기초능력들이 자리 잡는 시기입니다. 그렇다 보니 부모들이 해야 할 일들이 더욱 많아집니다. 어떤가요? 아마 지금 그 한복판에 놓여 있는 부모라면, 제가 무슨 이야기를 하고 있는지 잘 알 것이라 생각합니다.

옛날에 미운 일곱 살이라는 말이 있었습니다. 요즘에는 '미운 세 살, 미친 네 살, 죽이고 싶은 일곱 살'이라는 말들로 더 늘어났더군요. 그만큼 육아가 더욱 어려워졌다는 뜻이겠지요. 이런 아이들과 험난한 교육 여정을 시작해야 하는 부모들을 위해, 결정적인 지혜와 비법을 알려 드리고자 합니다.

만 3세, 부모는 아이의 교육을 고민하기 시작한다

'우리 아이가 혹시 천재가 아닐까?' 이런 생각을 해 본 적 없나요? 하루가 다르게 성장하는 아이 덕분에 부모는 종종 놀라운 경험을 하게 됩니다. 고작 딱 한 번 알려 주었던 것을 기억해 내거나, 가르쳐 준 적도 없는 숫자를 귀동냥만으로 척척 헤아리는 아이를 보면 그 잠재력과 능력에 감탄을 금치 못합니다.

두 돌이 지나면서부터는 두뇌발달 과정이 눈에 보일 정도입니다. 가르쳐 주는 족족 흡수하고, 보여 주는 만큼 깨우치는 아이의 모습을 보면서 부모는 이 아이를 위해 무엇을 해 줘야 좋을지 진지하게 고민하기 시작합니다. 그동안 어떤 이유식이 좋은지, 애착이 잘 형성되고 있는지 등을 살피는 '보육'에 집중했다면 이제부터는 조금씩 교육에 시선을 돌리는 거죠.

물론 엄마들은 그 이전부터 '국민 아기책'이라는 불리는 도서들을 비롯하여 각종 교구를 구매하고, 부지런히 문센(문화센터)에 다녔을 겁니다. 막연하게 아이의 발달에 좋을 거라고 기대하면서요. 그러다가 점차 아이와 의사소통이 자유로워지고 어린이집에 다니기 시작하는 만 2~3세 무렵부터는 부모의 마음속에서 '교육'이 중요 과제로 떠오르게 됩니다.

"어머니, 아이가 존댓말을 못 하네요. 가르쳐서 보내 주세요."

"어머니, 아이가 너무 겁이 많아요. 체험 활동을 많이 시켜 주세요."

"어머, 아직 시작 안 했어요? 영어는 일찍 시작해야 모국어처럼 할 수 있대요."

"어려서부터 책을 많이 읽혔더니 글자를 스스로 떼더라고요."

이런 어린이집 교사와 주변 엄마들의 말들은 내 아이가 뒤처지고 있는 것은 아닐지 겁이 나게 만듭니다. 자연스레 엄마의 마음은 바빠지죠.

아기가 태어났습니다. 그동안 한 번도 느껴 보지 못한 기쁨을 경험합니다. 비록 몸은 지치고 고되지만 한 뼘 한 뼘 커가는 아기를 보는 행복은 말로 다할 수 없습니다. 모유를 먹이는 자신과 눈을 맞추며 행복한 미소를 지어 줄 때, 첫 걸음마를 떼어 나를 향해 다가올 때, 심지어 소리 내어 울 때조차 아기가 너무나도 사랑스럽습니다. 그때까지만 해도 부모는 '이 아이는 커서 어떤 사람이 될까?' 행복한 미래를 꿈꾸며 애착이 가장 중요하다는 전문가들의 말을 듣고 안정적인 정서를 만들어 주고자 노력했었죠. 하지만 그 지난날들이 갑자기 후회로 다가옵니다. '내가 아이에게 무얼 잘못한 것일까?' '나 때문에 내 아이만 뒤처지면 어떡하지?' 그렇게 부모는 보육에서 교육 위주의 양육으로 넘어가는 문턱에 서서 고민하고 흔들립니다. 무엇을 가르쳐야 할지 어떤 교육관을 가져야 할지 처음으로 교육 문제와 대면합니다.

갑자기 꼬이기 시작하는 육아, 원인은 말

교육, 어떻게 시작해야 하는 걸까요? 무엇부터 가르쳐야 하는 걸까요? 아이가 습득해야 할 많은 과제 앞에서 부모는 막막해집니다. '편식 습관은 어떻게 바로잡아 줘야 할까? 글자는 몇 살부터? 학습지는 어디가 좋을까? 영어 교육은?' 갑작스럽게 위기감을 느끼며 부모는 생각이 점점 복잡해집니다.

그러나 아이는 부모의 뜻대로 따라 주지 않습니다. 무언가를 시키려고 하면 울며 도망가 버리기 일쑤입니다. 다른 집 아이들은 책상 앞에 10분 이상 앉아 있다는데 우리 집 아이는 자기가 왜 그래야 하느냐는 표정으로 엄마를 멀뚱멀뚱 바라보기만 합니다. 야무진 아이들은 많은 반면에 자신은 아이의 잠투정, 밥투정, 아침마다 등원 준비만으로도 혼이 나갑니다. 학습지는 엄두도 못 냅니다. 그림책 한 권 읽히는 것도 전쟁을 치러야 하는데 학습지는 꿈꿀 수도 없지요.

'어떤 부모는 아이에게 사랑을 듬뿍 주었더니 아이가 알아서 척척 잘했다고 하는데, 나는 왜 안 될까?' 마음이 조급해지기만 합니다. 온갖

책과 방송에서는 똑똑하고 사랑스럽기까지 한 아이들과 행복한 나날을 보내는 엄마들이 넘쳐 납니다. 하지만 정작 자신을 되돌아보면 그렇지 못한 나날을 보내고 있어 우울해집니다. 하루에도 몇 번씩 자신을 시험에 들게 하는 아이에게 욱 하는 마음에 혼을 내고 맙니다. 아이를 잘 키우고자 했을 뿐인데 자신이 점점 괴물이 되어 가는 듯해 한없이 답답하고 울적하죠. 모두 아이를 위한 일인데 정작 울어 버리고 힘들어하는 아이를 볼 때면 교육시키려는 의지 또한 약해지고 맙니다.

이처럼 교육이 시작되면서부터 부모와 아이의 관계는 서서히 어긋나고 꼬여 갑니다. 이는 많은 문제로 이어지기도 하는데요. 이전까지 별 탈 없던 부모들도 갑작스럽게 말 안 듣는 아이를 경험합니다. 왜일까요? 가장 큰 이유는 바로 '말', '대화법'이라고 감히 말하고 싶습니다. 아이에게 무엇을 가르쳐야 하는지, 어떻게 하면 효과적으로 가르칠 수 있는지에 대해 더 많은 정보를 얻는 것보다 바른 말, 적합한 말이 더 중요합니다.

사람과 사람 사이에 오가는 말. 우리는 하루에 얼마나 많은 말을 하고 살까요? 내 옆에서 보살핌을 필요로 하는 아이에게 나는 하루에 얼마나 많은 말들을 할까요? 아이는 엄마의 말을 양분으로 먹고 자라납니다. 만 3세나 되었지만 여전히 백지에 가까운 아이에게 엄마가 건네는 말 한마디의 영향력은 상상을 초월합니다. 그렇기에 아이에게 첫 교육을 시작하기로 마음먹었다면, 아이의 성장 속도와 상황에 맞는 '말 공부'를 할 필요가 있습니다. 부모와의 대화로 아이는 행동을 변화하며 성장해 나가기 때문입니다.

　이에 대해 본격적으로 이야기하기에 앞서 자신이 잘하고 있는 것인지 항상 불안하고 걱정스러운 부모들에게 전해 주고 싶은 말이 있습니다.

　"당신은 이미 충분히 잘 하고 있습니다."

　당신은 이미 좋은 부모입니다. '왜 책에서 일러 준 대로 혹은 다른 집 아이처럼 우리 애는 안 될까?'라며 자책할 필요 없습니다. 아이마다 기질과 성격, 성장하는 속도가 다르기 때문에, 지침만으로는 시시각각 변하는 상황에 대처할 수 없습니다. 둘째를 키울 때도 마찬가지입니다. 첫째 아이를 키워 본 경험이 어느 정도 도움은 될 수 있겠지만 첫째와 둘째는 서로 다른 아이이기 때문에 첫째에게 효과적이었던 방법이 둘째에게도 통한다고는 단정 지을 수 없습니다. "언니는 안 그랬는데, 너는 왜 그러니?"라고 많이들 둘째에게 말하게 되는 이유가 그래서입니다.

　아무리 수많은 교육 방법들을 공부해도 엄마는 완벽할 수 없습니다. 그러니 우선 마음속에 박혀 있는 죄책감, 후회, 미안함 등의 감정을 내려놓길 바랍니다. 당신이 아이를 사랑하는 마음만큼은 100점이니까요.

02
우리 아이 첫 교육, 엄마의 말 공부부터

　보육에만 치중했던 양육 단계에서 벗어나 조금씩 교육을 시작해야 하는 시기가 되었다면, 부모는 가장 먼저 자신의 말투와 화법을 돌아볼 필요가 있습니다. 이 시기 모든 교육은 말을 통해 이루어지기 때문입니다. "어른을 보면 인사해야지." "외출에서 돌아오면 손을 씻어야지."처럼 해야 할 일, 해서는 안 될 일, 꼭 익혀야 하는 생활습관 등을 말로 설명하고 가르칩니다.

　처음에 부모의 바람은 아이가 건강하고 튼튼하게 자라 주는 것, 오직 하나입니다. 작은 몸짓에도 "참 잘하네~!" "그래, 그렇지!" 하며 아낌없이 애정을 퍼붓고 용기와 칭찬의 말을 전하지요. 그러던 부모들이 아이에게 무언가를 가르치기 시작하면 달라집니다. 우리 아이가 책을 좋아했으면, 말을 잘했으면, 공부에 흥미를 느꼈으면 좋겠다는 바람들이 생겨나지요. 그러나 아이는 그런 부모의 마음처럼 되지 않습니다. 그러다 보니 불만과 아쉬움이 가득해져 자신도 모르게 아이를 향해 책망하는 말들을 내뱉게 되지요. 심지어 "뭐가 힘들다고 그래, 다시 해 봐." "아이고, 또 까먹었어? 엄마가 방금 가르쳐 줬잖아." 등의 말들도 서슴지 않습니다. 그런데 이런 말들이 오히려 부모의 바람과 어긋나게 아이가 성장하도록 합니다. 부모와 아이 사이마저 멀어지게 만들지요.

아이의 성장 특징으로 살펴보는 부모의 말이 가져오는 효과

이상하지 않나요? 단지 아이를 잘 키우기 위해 가르치고 싶은 것뿐인데 오히려 모든 것이 꼬여 버린다는 것이 말입니다. 도대체 이유가 무엇일까요? 부모의 말은 어떤 영향을 미치는 것일까요? 이를 알기 위해서는 이 시기 아이의 성장 특징을 짚어 볼 필요가 있습니다.(여기서 이야기하는 성장 특징들은 평균일 뿐입니다. 아이에 따라 조금씩 차이가 있을 수 있습니다.)

돌 무렵이 되면 아이는 엄마, 아빠, 맘마 등의 간단한 말을 할 수 있게 되고, 돌 이후부터는 부모들이 나누는 대화를 알아들으며 어느 정도 의사소통도 가능해집니다. 완벽하게 이해하지는 못하지만 자신에게 말을 거는 사람의 표정과 말투, 목소리의 높낮이, 몸짓 등으로 아이는 대화의 의미를 파악할 수 있게 됩니다.

두 돌이 지나고 나면 언어능력이 폭발적으로 발달하기 시작합니다.

사용하는 어휘의 수가 늘어나 평균 200개 정도의 단어를 이해하고 두세 개의 단어를 이용해 자신의 의사를 표현할 수도 있죠. 내 아이가 대화가 가능한 한 사람으로 거듭나는 것입니다. 만 3세가 되면 세 개 이상의 단어들을 연결해 문장으로 말을 하기 시작하고, 숫자를 셀 수 있습니다. 이 시기에 부모들이 자녀교육을 고민하기 시작하는 것은 이 때문이기도 하죠.

많은 전문가들이 부모들에게 수다쟁이가 되어야 한다고 말합니다. 부모가 말을 많이 걸어 줄수록, 발달 단계에 맞는 책을 많이 읽어 줄수록 아이의 언어능력 성장에 힘을 실어 줄 수 있기 때문입니다. 당연히 부모의 말이 아이에게 미치는 영향력은 클 수밖에 없죠.

아이는 스스로 하고 싶어지는 일도 많아집니다. 직접 숟가락을 들어 밥을 먹거나, 옷을 입고 벗고 할 정도로 뭐든 스스로 하려 합니다. '나의 것'이라는 관념이 생기면서 소유욕이 생겨나는 등 '자아'가 발달하면서 보여 주는 모습들입니다.

이 시기 부모는 끊임없이 아이에게 해야 할 것과 하지 말아야 할 것을 알려 주어야 합니다. 자연히 "하지 마!" "안 돼!"라고 말하는 횟수가 점점 늘어나죠. 때때로 아이에 대한 염려가 지나쳐 자녀의 스스로 하려 하는 움직임들마저 저지하게 됩니다. 이는 아이의 자율성과 독립성을 해칠 수 있는 행동이랍니다. 어른들이 보기에는 대수롭지 않지만 아이에게는 엄청난 용기가 필요한 도전들일 수도 있거든요. 그리고 그러한 도전들이 하나둘 좌절되면 자아를 형성해 가는 시기의 아이가 자신을 점점 '무언가를 하면 안 되는 사람'으로 생각할 수도 있습니다. 이렇게 생긴 부정적인 자기 이미지는 아이의 성취 욕구와 도전 정신을 약하게 만들어 버립니다. 즉 부모의 "안 돼!"라는 한마디가 당장은 아이의 잘못된 행동을 고쳐 줄 수 있을지는 몰라도 장기적으로 보면 아이의 성장에 부정적인 영향을 끼치는 거죠. 아이의 성장 가능성을 높이는 것이 아니라 낮추어 버리는 것입니다.

공부가 되었든, 습관이 되었든, 교육을 시킬 때도 마찬가지예요. 이 시기 부모는 아이에게서 무한한 가능성을 느낍니다. 무엇을 가르치고 알려 주느냐에 따라 아이의 미래가 달라질 것만 같습니다. 그러다 보니 기대와 욕심이 강해지고 의욕마저 넘칩니다. 아이에게 좋다고 하는 것은 모두 제공해 주고 싶습니다. 책이 아이 성장에 좋다고 하니 좋은 책을 사다가 들이밀고, 영어에 익숙해지라고 영어 동요 DVD를 틀어 놓기도 합니다.

그런데 정작 아이는 자꾸 책을 읽으라고 하며 공부라는 말로 무언가를 계속 강요하는 엄마가 이상하게 느껴집니다. 처음엔 재미있는 그림놀이 같았던 글자 공부 역시 싫어집니다. "예쁘게 안 쓸래? 다시 써 봐." 하며 자신이 애써 쓴 글자들을 지워 버리는 엄마가 야속하게 느껴집니다. 공부라는 말만 나오면 엄마가 자꾸만 자신을 혼내고 지적하니 공부가 무엇인지는 모르겠지만 싫어집니다.

주변에 비교 대상이 생기면 상황은 악화되기 일쑤입니다. "저기 봐 봐. 친구들은 다 잘 해내잖아. 너는 왜 그러니?" "엄마 창피하게 자꾸 이

릴래?" 속상한 마음에 무심코 건넨 말이지만, 아이는 기가 죽어 충분히 잘 해낼 수 있고 배울 수 있는 일들을 못하게 되기도 합니다.

이처럼 '말'은 아이교육에 많은 영향을 미칩니다. 아무리 좋은 교사, 좋은 환경, 좋은 교육과정을 제공해도 교육의 가장 기본인 '말'이 뒷받침되지 않으면 아무 소용이 없습니다.

실제로 부정적인 말이 사람에게 끼치는 영향은 과학적으로도 증명이 됐습니다. 〈미국 정신건강의학지〉에 하버드 대 의과 대학 연구팀이 게재한 논문에 따르면 어린 시절 언어폭력을 당한 성인 63명의 두뇌를 조사해 보니, 양쪽 대뇌반구를 연결하는 뇌들보(뇌량)와 감정, 기억을 담당하는 해마가 상당히 위축되어 있었다고 합니다. 이는 사람의 언어능력과 사회성에 문제를 일으킬 수 있으며 심한 경우 우울증의 발발 원인이 됩니다. 이 밖에도 많은 언어학자들 역시 생후 18개월 전후의 아이에게 부모의 언어 습관이 많은 영향을 미친다고 말한 바 있습니다.(고도흥 한림대 언어청각학부 교수는 이와 같이 말했다. "생후 18개월은 '언어가 폭발하는 시기'로 본격적인 언어인지능력을 갖게 되는데, 이때 부모의 공격적인 말은 아이들에게 트라우마로 남는다." - 편집자 주)

아이는 부모의 말대로 자랍니다. 그렇다고 칭찬과 애정 어린 말만 들려줘야 한다는 건 아닙니다. 아이를 가르칠 때 좋은 말만 할 수 없지요. 때로는 혼을 내기도 하고, 하기 싫다는 아이에게 억지로 강요해야 할 때도 있습니다. 이때마다 아이가 상처 받고 어긋나는 것은 아닙니다. 말하기 방법, 말한 내용에 따라 결과는 달라집니다. 23년간 교사로서,

교육 매거진의 발행인으로서 현실육아에서 고군분투하고 있는 수많은 부모들과 아이들을 만나 왔습니다. 그 결과 아이에게 긍정적인 행동을 유도하고, 바른 습관을 길러 주고, 아이가 자신의 능력을 향상시킬 수 있도록 도와주는 말이 따로 있다는 것을 알게 되었습니다. 혼을 낼 때도, 가르칠 때도 적합한 말과 방법이 있는 거죠. 제가 말하는 대로 말하기 방식을 바꾸다 보면, 어느 순간 달라진 아이의 행동을 확인할 수 있을 것입니다. 구체적인 상황별로 말을 알려 주기에 앞서, 평소 부모 자신의 말투를 되돌아보고 잘못된 인식을 바로잡을 시간을 가지고자 합니다.

혼내서 가르치는 것의 효과는 일시적이다

아이교육을 이야기할 때 말의 중요성과 말 공부의 필요성을 강조하면 부모들은 "아, 아이에게 부정적인 말을 사용하면 안 된다는 거죠?" 하는 반응을 보입니다. 사실 요즘 부모들은 대단히 똑똑합니다. 부정적인 말이 아이에게 안 좋다는 것을 모르는 부모는 없지요.

하지만 부모들이 평소 아이에게 자주 하는 말은 무엇일까요? 이와 관련하여 한 사이트에서 설문 조사를 한 결과 부모들이 "그만해." "하지 마." "안 돼."라는 말을 가장 많이 사용하는 것으로 드러났습니다. 2,000명이 넘는 설문 조사자 중 무려 915명(41%)이 꼽은 결과이지요. 이를 통해 저는 부모가 부정적인 말이 좋지 않다는 걸 머리로는 알고 있지만, 몇십 년 동안 축적된 말의 습관 때문인지 무의식적으로 일상 중에 그 말을 사용한다는 것을 알 수 있었습니다.

지인의 출산을 축하하기 위해 선물을 사러 아기 용품 가게에 들른 날이었습니다. 한창 세일 기간이라 상점 안은 많은 손님들로 붐볐죠. 대부분 아이를 데리고 나온 주부들로 저처럼 혼자서 서성이는 사람은 거의 없었습니다.

선물을 고르고 있던 와중에 갑자기 뒤에서 "안 돼, 안 돼, 안 돼." 하는 매우 소란스러운 소리가 들려오더군요. 6세 정도로 보이는 남자아이가 선반 위의 장난감을 만지작거리자 아이의 엄마가 크게 야단치는 소리였습니다. 잠시 후 그 아이는 또다시 갖고 싶은 물건을 한아름 안고 있더군요. 아니나 다를까. 곧바로 엄마의 야단치는 소리가 들려왔습니다.

"안 돼, 안 된다니까. 그냥 눈으로만 쳐다보는 거야. 얌전하게 행동하기로 했지? 계속 이러면 다음부터 안 데려올 거야!"

아이의 아빠는 둘째 아이를 태운 유모차를 밀며 엄마 뒤에서 이 상황을 묵묵히 지켜만 보고 있었습니다.

쇼핑을 끝내고 커피를 마시러 간 카페에서 조금 전에 보았던 부모와 자녀가 테이블에 앉아 있는 모습을 보게 되었습니다. 또다시 아이 엄마의 "안 돼, 안 돼, 안 돼." 하는 목소리가 들리더군요. 자세히 보니 아이가 2단 아이스크림을 손으로 집어 먹으려 하고 있었습니다.

"안 돼. 손에 묻잖아. 입으로 먹어야지."

"떨어지려고 한단 말이야."

"그러니까 떨어지지 않도록 조심히 먹으면 되잖니."

"……."

"(손을 치며) 손으로 먹지 말라고 그랬지!"

"앗, 떨어졌다."

"이거 봐, 네가 얌전히 안 먹으니깐 이렇게 됐잖니."

계속해서 혼이 나고 있는 아이도 불쌍했지만, 그 엄마에게 더욱 측은지심이 일어났습니다. 끊임없이 지적하고 혼만 내는 엄마. 그 엄마는 어느새 "안 돼!"라고 말하며 화를 내는 습관이 생긴 것 같았거든요. 물론 이 정도는 아니더라도 무슨 일마다 바로 "안 돼."라는 말을 하는 부모들을 종종 보곤 합니다. 그 말은 아이의 행동을 쉽게 제어할 수 있어 편리하기 때문입니다.

그러다 보니 "조심해."라고 말하면 될 것을 "다쳐. 하지 마!"라고 말하게 되고, "집에서는 얌전히 놀아야 해."라고 말하면 될 것을 "뛰면 안 된다고 했지!"라고 소리치게 됩니다. 알지만 자신도 모르게 그 말이 먼저 입 밖으로 나옵니다. 혹자는 "좋게 말하면 아이가 듣지 않아요."라고 항변하기도 합니다.

문제는 그렇게 야단치면 지금 당장은 아이의 행동이 개선될 수 있지만, 그 효과는 일시적이라는 것입니다. 아직 어휘력이 부족한 아이들은 부모가 하는 말들을 모두 이해하지 못합니다. 그런데 부모가 아이를 혼낼 때 주로 사용하는 단어들은 "주변 사람들에게 피해를 주면 안 돼." "예의 바르게 행동해야지."처럼 추상적인 단어들입니다. 또한 혼나는 아이는 엄마가 화를 낸다고 생각할 뿐 자신이 잘못된 행동을 했다고 생각하지 않습니다. 무엇을 잘못했는지 모르기 때문에 당연히 그 행동을 반복할 가능성이 큽니다. 간혹 아이 스스로 반성하길 바라며 "네가 뭘 잘못했는지 한번 말해 봐!"라고 아이를 다그치곤 하는데, 이는 역효과만 날 뿐이죠. 이런 상황에 지속적으로 노출된 아이는 부모의 말을 흘려듣는 습관마저 생길 수 있습니다.

긍정적인 말들의 진짜 효과는 오랜 시간 후에 나타난다

"무섭게 야단쳤더니 아이 행동이 정말 좋아지던걸요."라며 반문하는 엄마들이 있습니다. 그런데 알고 있나요? 부모의 말을 잘 듣는 아이가 오히려 위험하다는 사실을요. 아이는 그저 자신의 전부와도 같은 부모에게 미움받고 싶지 않아 마음을 닫고 그저 시키는 대로 행동하는 것일 수도 있습니다. 그건 정말 위험신호입니다.

물론 아이들의 행동은 대단히 충동적이며 예측이 불가능합니다. 순식간에 벌어지는 자녀의 행동을 바로잡아 주면서 왜 그래야 하는지 이유를 들려주고 타이를 시간이 없습니다. 시간이 있다고 해도 인내심이 없는 아이들은 들으려고 하지 않죠.

그러니 주변 사람에게 피해를 주거나, 아이에게 위험한 행동이 아니라면 눈감아 주세요. 잘못의 허용 범위를 살짝 넓히는 것만으로도 감정이 너그러워진답니다. 그러면 윽박지르는 대신 손으로 아이스크림을 먹게 한 뒤 세수를 시키거나, 흘러내리는 아이스크림을 컵에 옮겨

주는 등 얼마든지 다른 식으로 대처할 방안이 생각납니다. 그도 아니라면 떨어지는 아이스크림 덩어리를 부모가 재빨리 먹어 버려 아이가 먹기 편하게 만들어 줄 수도 있죠. 즉 아이를 혼내려는 행동이 진정 아이를 위해서인지 교육을 빙자한 감정 폭발은 아닐지 자신을 돌아볼 필요가 있습니다.

이제 아이를 야단쳐서라도 바로잡아야겠다는 생각은 버리세요. 아이를 혼내서라도 가르치지 않으면 올바르게 크지 못할까 걱정하는 부모들을 위해 실험을 하나 소개하고자 합니다.

아이들을 두 집단으로 나누어 상자를 하나씩 주었다. 첫 번째 집단에는 이 상자를 만지면 안 된다는 규칙을 부드럽고 따스한 어조로 이야기한 반면, 두 번째 집단의 아이들에겐 무섭게, 야단을 치듯이 말했다. 그 후 어른이 자리를 비우자 약 30%의 아이들이 상자를 만지는 모습을 보였다. 이 결과는 두 집단 모두 비슷했다.

그러나 3개월이 지나 그때의 아이들에게 똑같은 환경을 만들어 주자 놀라운 차이가 발생했다. 첫 번째 집단의 아이들은 3개월 전 실험과 똑같은 결과가 나온 데 반해 두 번째 집단의 아이들은 무려 70%나 되는 아이들이 상자를 만진 것이다.

위 실험을 통해 우리는 야단의 효과가 오래 가지 못한다는 걸 다시 한 번 확인할 수 있습니다.

첫 번째 집단과 두 번째 집단에 속한 아이들 모두 비슷한 연령대였으며, 같은 환경에 있었습니다. 다른 결과를 가져온 원인은 오직 '말'이었죠. 누구나 듣기 좋은 말을 더 반가워하고 즐깁니다. 아이들도 다르지 않습니다. 아무리 옳고 바른 말일지라도 전하는 방법에 따라 행동의 결과는 달라집니다. 물론 그 당시에는 어른들의 말에 쉽게 따를 수 있지만 실험에서 알 수 있듯이 그 효과는 일시적일 수밖에 없습니다.

따라서 부모가 훈육을 비롯해 교육을 시작하고자 한다면 부모는 아이와의 대화법을 새롭게 배울 필요가 있습니다. 단순히 부정적인 말을 사용하지 않는 걸로 그쳐선 안 됩니다. 아이가 상처 받지 않고 교육의 효과를 향상시키는 적합한 화법과 용어도 익혀야 합니다. 물론 이를 실천하는 것은 어렵습니다. 그러나 제대로 된 교육은 올바른 말에서 시작하는 법입니다. 이것이 가능해지면 도망가려는 아이와 가르치려는 부모 사이의 전쟁을 끝낼 수 있습니다. 싸우지 않고 평화롭게 말입니다.

04
평소 나는 어떻게 말하고 있을까?

유아기 아이들은 호기심이 넘쳐나고, 새로운 것을 배우기 좋아합니다. "엄마, 저기 간판에 써 있는 글자는 뭐야?" "엄마, 책 읽어 줘." 하며 자신이 좋아하는 것은 억지로 강요하지 않아도 알고 싶어 하고 스스로 자처합니다. 그렇기에 아이의 흥미를 잘 자극한다면 얼마든지 즐겁게 아이를 가르칠 수 있습니다. 이를 위한 비결은 바로 지금까지 이야기해 왔듯이 바로 '말'입니다.

본격적으로 말을 배우기 앞서 평소 자신의 말투가 어떠한지 확인해 보는 시간을 가져 볼까 합니다. 사람은 특별한 계기가 없다면 자신의 평소 말 습관을 의식하지 않습니다. 다음 〈부모 말투 체크리스트〉를 보며 유사한 경험을 한 적은 없었는지 살펴보세요. 자신을 질책하고 나무라는 것이 아니라 스스로를 되돌아보고 바꿀 수 있는 계기가 되길 바랍니다.

다음은 상황별로 보통 엄마들이 가장 많이 하는 실수들입니다. 자신도 비슷한 상황에서 같은 말을 한 적이 있는지 되돌아보고 체크란에 표시해 주세요.

	상황	O/X
1	아침에 침대에서 나오지 않는 아이에게 **"아직도 안 일어나니? 꼭 엄마가 깨워야 일어나지?"**라고 말한 적이 있다.	
2	학습지 채점 결과, 많은 문제를 틀린 아이에게 **"내가 저번에도 설명해 줬던 문제인데……."**라고 짜증을 낸 적이 있다.	
3	TV만 보는 아이에게 **"숙제 안 하니? 언제 할 건지 두고 볼 거야!"**라고 소리친 적이 있다.	
4	친구의 장난감을 들고는 "내 거야."라고 말하는 아이에게 **"엄마가 그러면 안 된다고 했지. 돌려줘!"**라고 혼을 내며 아이의 손에서 장난감을 뺏은 적이 있다.	
5	말을 듣지 않는 아이 때문에 너무 속상해 **"진짜 한심하다."**라는 말을 무심코 해 버렸다.	
6	음식을 흘리며 먹는 아이에게 **"네가 얌전히 안 먹으니까 이러잖아."**라고 질책한 적이 있다.	
7	남편과의 다툼 후 옆에 있는 아이에게 무심코 **"널 낳지 않았더라면……."**이라는 말을 한 적이 있다.	
8	동생과 싸우는 첫째에게 **"넌 형이 되어서 왜 동생에게 그러니?"**라고 따진 적이 있다.	
9	공공장소에서 내 손을 놓고 멀리 뛰어가는 아이가 걱정되는 마음에 되려 **"뛰면 안 된다고 했잖아!"**라고 소리친 적이 있다.	
10	공공장소에서 다른 사람이 우리 아이를 혼낼 때 **"좀 더 혼내 주세요."**라고 옆에서 부추긴 적이 있다.	

〈부모 말투 체크리스트〉

어떤가요? 똑같은 말은 아닐지라도 이와 유사한 말을 한 적이 있지 않나요? 한 번 정도는 괜찮다고 생각할 수 있지만, 그 한 번이 아이에게는 영원한 상처로 남을 수 있다는 것을 꼭 명심하길 바랍니다. 특히 말의 공격으로부터 아직 방어력이 약한 유아기의 아이들은 더욱 그렇습니다. 단 한 번의 부정적인 말도 아이의 성장엔 치명적인 영향을 끼칠 수 있답니다.

하지만 우리는 머릿속으로 말이 아이에게 미치는 영향을 생각하기 이전에 말이 먼저 입 밖으로 나가는 경우가 종종 있습니다. 체크리스트의 4번 경우처럼요. 내 아이가 다른 사람들에게 욕심 많은 아이로 비치지 않길 바라는 마음에 혹은 배려심 있는 아이로 키우고 싶은 마음에 이런 말을 하게 되지요. 그러나 그 나이 또래의 아이들은 누구나 좋아 보이는 장난감을 갖고 싶어 한답니다. 그 마음을 공감해 주지 않는 엄마를 아이는 오히려 원망할 수 있어요. 아이가 욕심이 많아서도 이기적이어서도 아니에요. 엄하게 혼낼 필요가 없는 일입니다. 9번의 경우 역시 마찬가지입니다. 걱정스러운 마음에 저 멀리 뛰어가는 아이가 들을 수 있도록 소리친 것이지만 그 영향은 오히려 부정적으로 돌아올 수도 있답니다. 공공장소에서 많은 사람들이 보는 가운데, 종종 혼내는 부모들이 있습니다. 이때는 아이도 창피함을 느껴요. 부모들의 이런 행동은 아이를 위축시킬 뿐만 아니라 체면을 망가뜨린답니다. 아이는 고쳐야 한다는 반성보다 부끄러움과 부모에 대한 원망이 더 크게 생기지요.

이처럼 위의 예시들은 모두 아이에게 상처가 되는 말들이지만, 특히

5번과 7번 경우는 존재와 인격을 부정하는 말로, 아이에게 매우 큰 트라우마를 남길 수 있으니 절대로 해서는 안 됩니다.

🔊 존재를 부정하는 말투

"너 같은 거 없었으면 좋겠어." "널 낳고 싶지 않았어." "널 낳는 게 아니었어." "생기는 바람에 어쩔 수 없어 널 낳은 거야." "더 이상 널 보고 싶지 않아."

🔊 인격을 부정하는 말투

"너는 교활한 아이야." "너는 비겁한 놈이야." "한심한 녀석." "게으름뱅이야." "바보 같은 놈." "머리 나쁜 놈."

보통 위와 같은 말들은 특별한 경우가 아니라면 잘 사용하지 않습니다. 하지만 아이를 키우다 보면 예상하지 못한 상황이 언제든 발생합니다. '저런 말을 아이에게 사용한단 말이야? 나는 저런 나쁜 말을 쓰는 사람과 달라.'라고 해 오던 보통의 엄마들도 예외는 아닙니다. 스트레스가 극도로 쌓여 있을 때 아이와 대치하면 무심코 저런 말을 할 수 있어요. 예를 들면 아이가 사춘기를 겪을 때 부모와 아이는 서로 하지 말아야 할 말들을 주고받는 일이 생깁니다. 그러나 이런 말들은 아무리 화가 난다고 해도 절대로 입 밖으로 내서는 안 됩니다. 후에 아무리 노력해도 회복할 수 없는 상처를 남길 수 있거든요. 그러니 부모는 자신의 말에 충분히 주의를 기울여야 합니다.

그다음으로 잘못된 말은 부정적으로 혼내는 말입니다. 대표적인 예가 1번과 3번의 경우입니다. 이러한 말들은 아이에게 바람직하지 못한 자기 이미지를 심어 줍니다.

◀ 부정적으로 혼내는 말투

"아직 ○○ 안 했니?" "왜 ○○ 안 하니!" "○○안 하면 안 돼!"

뒤에서 더 자세히 설명하겠지만, 일상적으로 아이들은 이런 말을 들을수록 점점 스스로에게 자신감을 가지지 못합니다. 부모에게 불신감도 가지게 되지요. 자아가 발달하기 시작하는 무렵, 누군가로부터 자신을 함부로 깎아내리는 말투를 계속 듣는다면 어쩔 수 없는 일이죠. 이는 많은 부모들이 저지르는 실수입니다.

이를 대신할 가장 좋은 부모의 말투는 긍정적인 말투입니다. 아이를 재촉하더라도 부드럽게 재촉하며, 칭찬을 한다는 점이 특징이죠.

◀ 긍정적인 말투

"○○하면 돼." "○○하면 잘될 거야." "○○ 할 수 있구나."
"○○ 잘하네." "열심히 하고 있구나." "○○해 줘서 고마워."

일상생활에서 긍정적인 말을 많이 들어온 아이는 자신감뿐만 아니라 부모에 대한 신뢰감도 높습니다. 물론 이를 실천하기란 쉽지 않습니다. 자칫 긍정 화법도 과도하게 사용하거나 잘못 사용할 경우 역효과가 날 수 있지요. 가장 대표적인 화법이 바로 일명 '~구나' 공감 화법이 아닐까 생각합니다.

한 부모는 공감 화법이 좋다고 하여 아이가 말할 때마다 "그렇구나."라고 응대했더니 어느 날 아이가 "그 말 좀 제발 그만해요. 정말 듣기 싫어요." 하며 화를 냈다고 합니다. 중요한 건 말 자체가 아닌 그 안에 담긴 메시지입니다. 무조건 '구나'를 썼다고 하여 상대방이 날 공감해 주고 있다고 느끼지 않습니다. 아이들은 부모의 생각보다 민감하고 예민하답니다. 특히 그것이 엄마의 반응이라면 더욱 그렇지요. 진심이 느껴지지 않는다면 아무리 호의적인 태도일지라도 그 메시지가 아이에게 전달되지 않습니다.

만약 아이에게 어떻게 말을 해야 좋을지 모르겠다면, 단순하게 요점만 전하는 말하기 방법을 권하고 싶습니다. 단 감정을 실어서는 안 됩니다.

◀ 요점만 간결하게 전하는 말투

"○○해." "○○하자." "○○시작해, 준비 시작."

너무나 딱딱한가요? 그렇다면 조금은 즐겁게 바꿔 보세요. "엄마랑 시합하는 거야, 준비 시작!" "몇 분 안에 끝낼 수 있을까? 자, 시간 잰다.

시작!" "딱 열까지 세는 동안 하는 거야!"와 같은 말은 어떨까요?

요점만 간단하게 전하는 말투는 아이에게 규칙을 명확하게 이해시킬 수 있다는 장점이 있습니다. 여기에 아이가 좋아할 만한 요소를 곁들인다면 이 닦기나 공부와 같은 해야 할 일들을 놀이처럼 즐겁게 시킬 수 있지요.

자기번역력이 필요하다

하루아침에 말투를 바꿀 수는 없습니다. 그러니 낙담하지 마세요. 지금도 늦지 않았어요. '자기번역력'을 갖추면 됩니다. '자기번역력'이란 외국어를 할 때 우리말을 외국어로 바꾸듯이 하고 싶은 말을 그대로 하는 것이 아니라 상대와 목적에 따라 적합한 말로 바꿀 수 있는 힘입니다. 머릿속으로 자체 검열을 하는 것이지요. 상대가 어떻게 느끼는지 개의치 않고 전달할 수도 있습니다. 의사 전달만이 목적이라면요. 그러나 부모는 의사 전달 자체가 아니라 그를 통한 아이의 행동 개선을 목적으로 둬야 합니다. 아이가 즐겁고 기쁜 마음으로 움직일 수 있도록 유도하기 위해서는 아이의 입장에서 나의 생각을 전할 수 있어야 합니다. 이것이 바로 자기번역력입니다.

자기번역력이라고 하면 어렵게 느껴질 수 있습니다. 하지만 알고 보면 매우 간단한 일이랍니다. 예를 들면 이를 닦기 싫어하는 아이에게 "이 썩고 싶어서 그래? 얼른 이 닦아!"라고 말을 하는 대신 이를 자기번역하여 "우와, 우리 ○○는 이도 잘 닦지? 얼마나 잘 닦는지 엄마가 한 번 볼까?"로 바꿔 말하는 것이지요. 어려울 것 같다고요? 연습하다 보면 자연스럽게 호흡을 가다듬으며 머릿속에서 부정적인 말투를 긍정적으로 바꾸려고 하는 자신을 발견하게 될 거예요. 이 자기번역력은 보육의 단계에서 교육의 단계로 넘어가는 부모가 익혀 놓아야 할 필수 자질이랍니다.

아이를 키울 때에는 같은 말을 몇 번이나 반복하게 됩니다. 당연한 일입니다. 그러니 도대체 몇 번을 말해 줘야 하는 거냐며 짜증을 내기보다 몇 번이고 즐겁게 말해 줄 수 있다는 마음가짐을 가질 필요가 있습니다. 자기번역은 자신 안에서 스스로 말을 바꿔 보고 생각하는 과정입니다. 말하는 엄마 자신의 마음이 긍정적이지 못하면, 자기번역이 제대로 될 리가 없어요. 그래서 다음 장에서는 자기번역을 수월하게 해 줄 마음가짐을 알려 드리고자 합니다.

◀ 상황에 적용해 보기

잠자리에 들기 전 옷을 갈아입으라고 말한 지 10분이 지났는데도 여전히 공주 원피스를 입고 있는 딸을 보았다. 어떤 말을 해 주어야 할까?

① "그리고 자면 네가 좋아하는 공주 원피스가 망가질 수도 있지 않을까? 잠옷으로 갈아입으면 편하게 잘 수 있을 거야."
② "아직도 옷 안 벗었니? 안 잘거야?"
③ "옷 갈아입자."
④ "매번 내가 옷을 갈아입혀 줘야 하니? 언제 스스로 할래?"

아이에게 짜증부터 내지 않고 1번의 경우처럼 아이가 공주 원피스를 벗지 않으려 하는 이유를 공감해 주고 나서 구체적으로 요구 사항을 말해 보는 건 어떨까요? 이는 아이의 눈높이에서 옷을 갈아입어야 하는 이유를 전달할 수 있기 때문에 아이가 충분히 납득하여 원피스를 벗을 수 있습니다. 무조건적으로 어떤 말이 옳고 틀리다고 말할 수는 없습니다. 엄마가 매서운 표정으로 3번처럼 말한다면 아이는 울어 버릴 수도 있겠죠. 하지만 요점만 전달한다는 목적으로 감정을 담아내지 않고 말한다거나, 엄마 역시 옷을 벗는 동작을 선보이며 이 말을 한다면 아이가 순순히 잠옷으로 갈아입을 수 있습니다.

마음가짐에 따라
엄마의 말이 달라진다

1. 세 살 습관, 여든까지 가지 않는다
2. 아이의 자존감보다 우선하는 가르침은 없다
3. 부모의 사랑 가득한 대화가 아이를 변화시킨다
4. 부모의 이상향을 강요해서는 안 된다

"선생님의 강연을 듣고 노력해 봤지만, 번번히 아이에게 소리를 지르고 있는 저를 발견하곤 해요. 어떻게 하면 좋을까요?"

이렇게 자신을 나쁜 엄마라며 자책하는 사람들을 볼 때마다 한없이 안타까운 마음이 듭니다. 앞에서도 잠깐 언급하였지만, 말의 중요성에 대해서 모르는 부모는 없을 것입니다. 알지만 실천하기 어려운 거죠. 부모 탓만은 아닙니다. 우리의 육아는 자신의 경험에서 벗어날 수 없습니다. 부모가 나에게 해 주었던 것들, 내가 자라면서 느꼈던 것들을 바탕으로 아이를 키우게 되는 거죠. 그렇기에 아무리 아이에게 말을 조심해야 한다는 것을 알아도, 제대로 배운 적이 없다면 뜻대로 되지 않습니다.

아이는 세상에 나와 처음 말을 나누는 상대가 바로 부모입니다. 눈앞에 있는 너무나도 사랑스러운 아이가 자신의 한마디, 한마디로 세상을 알아간다고 생각해 보세요. 그러니 시간이 걸리더라도, 지금부터 저와 함께 조금씩 바꿔 나가 봐요.

그 시작으로 자신도 모르게 아이의 성장을 저해하는 말들을 내뱉게 되는 이유에 대해 살펴보려고 합니다. 때때로 마음에도 없는 말이 나오기도 하지만, 기본적으로 말은 그 사람의 생각, 마음을 반영하기 마련입니다. 부정적인 마음 상태에선 자신도 모르게 아이에게 나쁜 말을 하게 됩니다. 그리고 그 말은 아이의 성장에 고스란히 영향을 미칩니다. 그렇기에 부모의 마음가짐은 육아의 방향을 좌우한다고 할 수 있습니다. 1장에서 부모가 자신의 말을 아이에게 긍정적으로 전달할 수 있도록 자기번역력을 가져야 한다고 말했습니다. 잘못된 고정관념과 인식을 바로잡는 일은 일종의 머릿속 '자기번역 회로'를 만드는 과정이라고도 할 수 있습니다.

    지금부터 들려주는 이야기에 귀를 기울여 주세요. 부모로서 마음가짐을 바로 하면 올바른 말 습관을 형성하는 데 큰 힘이 되어 줄 것입니다.

세 살 습관,
여든까지 가지 않는다

"세 살 버릇 여든까지 간다."는 속담을 모르는 부모는 없을 겁니다. 어렸을 때부터 주변 어른들로부터 자주 듣던 속담이니까요. 그래서인지 지금까지 만난 대부분의 부모들은 아이가 어렸을 때부터 좋은 습관을 형성하고, 나쁜 습관은 가지지 않도록 노력하는 모습을 보여 주었습니다. 그들의 마음 깊은 곳에 아이의 나쁜 버릇이 앞으로도 고쳐지지 않을 거라는 심리가 내재되어 있어서입니다.

여기에 "쇠는 뜨거울 때 두들겨라."라는 마음도 한몫했을 거예요. 이는 쇠를 뜨거울 때 두들겨야 여러 형태로 만들 수 있다는 뜻의 서양 속담으로 어렵고 하기 싫은 것은 어릴 때에 고치기 쉽다는 의미로도 자주 사용된답니다.

어릴 때는 뭐든지 쉽게, 금방 배웁니다. 수영이나 자전거와 같은 운동 말고도 외국에 이민을 간 가족을 보면 부모보다 아이들이 더 빨리 언어를 습득합니다. 마치 마른 스펀지가 물을 빨아들이듯이 가르쳐 주는 것을 빠르게 흡수하는 아이를 보면 이 말이 맞는 것 같기도 합니다. 그래서 '아이에게 평생 힘이 되어 줄 올바른 습관들을 지금 잡아 주자, 특히 안 좋은 버릇은 일찌감치 고쳐 주자.'고 많은 부모들이 다짐합니다.

그런데 배우는 일과 안 좋은 행동을 고치는 일은 다른 문제입니다. 무언가를 배우는 일은 뇌의 구조와 연관이 있습니다. '생득적 가설'에 따르면 인간의 언어습득능력은 타고나는 것이라고 합니다. 인간의 뇌 속에 있는 언어습득장치 덕분에 우리가 말을 배울 수 있는 거죠. 반면에 자신을 바꾸고 고치는 일은 타고난 기질, 성격, 성향을 바꾸는 일이랍니다. 우리의 경험을 되돌아보아도 그 답은 쉽게 알 수 있어요.

저는 원래 정리정돈을 잘 하지 않는 아이였습니다. 어른이 되고, 교사가 되어서도 마찬가지였죠. 교실, 교무실의 책상 위, 자동차 안 등 제 주변은 항상 지저분했습니다. 그러던 어느 날 교장 선생님으로부터 귀중한 물건을 받아 보관하게 되었답니다. 당시 서예의 달인이었던 교장 선생님이 졸업생들을 위해 몇 시간에 걸쳐 쓴 축하글이였죠. 하지만 그 정성이 담긴 소중한 선물을 저는 잃어버렸답니다. 귀한 물건이라는 생각에 깊숙한 곳에 보관해 둔 것이 실수였죠. 도저히 어디에 두었는지 생각이 나지 않는 거예요. 곤란해진 저는 교장 선생님을 찾아가 사실을 고했습니다.

"교장 선생님, 정말 죄송합니다. 선생님께서 써 주신 축하 말씀을 잃어버렸습니다. 다시 한 번 써 주실 수 없을까요?"

그러자 교장 선생님은 매우 곤란해했습니다.

"그것은 더 이상 쓸 수 없어요."

사흘 동안 필사적으로 제 주변을 뒤졌지만 모두 허사였습니다. 도저히 찾을 수 없었어요. 교장 선생님의 축하 연설은 어쩔 수 없이 사자성어로 대신해야 했죠. 사자성어도 훌륭했지만 손수 쓴 축하글과는 당연히 비교할 수 없기에 아쉬움과 죄송함으로 몸 둘 바를 몰랐었습니다.

그때부터 정리정돈을 시작했습니다. '이렇게 칠칠치 못해서 어떻게 하나? 만약 나중에 더 중요한 것을 잃어버려 찾을 수 없게 되면 어떻게 하나?'라는 생각에 불안해졌습니다. 강한 동기부여가 일어난 거죠. 그때부터 정리정돈을 익히기 시작했습니다. 책과 잡지를 섭렵하며 정리 방법을 공부하고, 정기적으로 필요 없는 물건을 버려 가면서 습관을 들이려고 노력했습니다. 마트에 가서 수납 용품을 사거나 물건들을 구분할 수 있는 표식을 만드는 등 나만의 방법을 만들기도 했습니다.

사실 이 모든 것은 제가 어른이기에 가능했던 행동이랍니다. 어른은 미래를 생각하며 자신에게 닥칠 곤란한 일을 상상할 수가 있습니다. 앞을 내다보고 '이대로는 정말로 곤란해지니까 지금 당장 고쳐야 해.'라고 결심할 수 있죠. 이처럼 타인을 통해서가 아니라 내부에서 동기부여가 일어나야 자신의 잘못된 습관 등을 개선할 의지가 생깁니다. 그래야 행동으로 옮겨지고요. 수십 년 동안의 경험을 바탕으로 축적한 지혜,

생활력, 사고력, 판단력, 정보력, 행동력 등이 어른에게는 있기 때문에 이 모든 과정이 비교적 수월하게 이루어질 수 있답니다.

그러나 경험이 전무하다고 할 수 있는 아이는 어떨까요? 순간순간을 살아가는 아이가 어른처럼 앞을 내다보며 자신의 행동을 고치겠다는 결심을 할 수 있을까요? 생각해 보면 아이가 미래를 걱정하는 것 자체가 이상한 일이랍니다. 예를 들어 어린이집에서 교사가 일일이 돌보아 줘야 하는 아이가 '내가 커서 큰 거래를 담당했을 때 중요한 서류를 보관하다 분실할 수도 있으니 올바른 정리정돈 습관을 가지고 있어야 해.'와 같은 생각을 할 수 있을까요? 아마 이 무렵의 아이들이라면 '내일 준비물을 잊어버릴 수도 있으니깐 미리 챙겨야지.'와 같은 생각조차 하기 어려울 겁니다.

아이들은 매 순간 자신의 전부를 내던지며 살아갑니다. 그래서 귀엽고 아름다워요. 깨끗한 눈으로 세상을 바라보며 온몸을 내던지는 아이의 모습만큼 아름다운 것은 없죠. 순진무구하게 사소한 일에도 기뻐하며 껑충껑충 뛰기도 하고 크게 웃으며 뛰어다니다 어느새 푹 잠들어 있는 모습을 보면 절로 웃음이 난답니다.

이 아이들에게는 과거의 부담스러웠거나 잘못을 저질렀던 경험들이 부족합니다. 그래서 미래에 대한 불안도 없어요. 지금 마주하고 있는 그 순간을 즐기기 위해 자신의 전부를 쏟아 내며 온몸으로 살아갑니다. 그래서 자신의 행동을 고쳐야 할 이유를 모릅니다. 외부에서 아무리 압력을 가해도 쉬이 고쳐지지 않지요. 본질적으로 아이는 서툴고 하기 싫은 일을 하거나 나쁜 습관을 고쳐야 할 필요성을 못 느낍니다. 부모는 그것을 알아야 합니다.

어른들도 매우 강한 동기부여와 의지력 없이는 솔직히 하기 싫은 일을 시작하기가 쉽지 않습니다. 아이들을 가르치는 교사이고, 많은 부모들의 고민을 상담해 주고 있는 저 역시 여전히 반성할 점이 많은 사람이랍니다.

저는 어릴 때부터 방학 숙제는 개학하기 직전에서야 했을 정도로 할 일을 언제나 뒤로 미루는 학생이었습니다. 어른이 되어서도 서류 작업을 싫어해서 최대한 뒤로 미적미적하다 마감일을 목전에 두고 급하게 해치우곤 하였습니다. 늦은 업무 처리로 인해 다른 사람에게 피해를 주기까지 하였으나 잘 고쳐지지 않았습니다.

그러다 원고를 쓰고 잡지를 발행하면서 하기 싫은 일을 뒤로 미루던 습관을 꼭 바꿔야겠다는 생각이 들었습니다. 아이들을 사랑하는 마음에 시작한 일들로 마감은 꼭 지켜야만 하는데 저의 나쁜 습관으로 업무에 지장을 주니 제 자신이 한심하게 느껴졌기 때문입니다. 이때부터 제 나쁜 습관을 고치기 시작했죠. 일을 바로바로 해낼 수 있도록 칼럼을 의뢰받으면 주제와 관련된 키워드들을 나열해 문서를 미리 정리해 놓는 등 저만의 방법을 만들어 나갔습니다. 물론 하루아침에 고칠 수는 없었죠. 그래도 어느샌가 교사라는 본업과 학부모들의 고민을 들어주는 일을 문제없이 병행하는 제 모습에 뿌듯함을 느꼈답니다.

아이는 완성품이 아니다

아이 역시 마찬가지랍니다. 아이는 성장을 하고 있어요. 완성품이 아닙니다. 순간순간을 살아가며 지극히 본능에 충실한 아이들에게 음식점에서 뛰어다니면 안 된다거나 등원 시간을 지켜야 한다는 등의 규칙들은 귀찮기만 합니다. 왜 지켜야 하는지 알고 싶지도 않죠. 물론 깨우지 않아도 스스로 일어나고 몇 번 가르쳐 주면 바로 잘 따르는 아이들도 있지만, 그런 아이는 매우 극소수에 불과합니다. 그러니 그런 아이와 비교하며 부러워하지 마세요. 타고난 기질과 성향이 다른 거랍니다. '우리 애는 왜 저러지 못할까?'라고 선망하기보다 후에 계기가 오면 그러한 습관을 스스로 가질 수 있도록 밑바탕을 만들어 주면 됩니다.

아이의 나쁜 습관을 억지로 고치려 하다 보면 오히려 아이의 내면에 스트레스가 쌓인답니다. 누군가의 강요로 정확한 이유도 모른 채 무언가를 습득하는 것보다 나중에 본인의 필요에 의해 배우고 바꾸어 나가는 것이 더욱 올바른 성장이 아닐까요?

지나온 삶을 떠올려 보세요. 유치원 시절, 학창 시절, 직장 다닐 때의 내 모습은 어땠나요? 조금씩이지만, 한 단계, 한 단계, 성장하지 않았었나요? 분명 어린 시절에는 배움을 빨리 흡수할 수 있습니다. 하지만 경험, 지혜, 판단력, 정보 등은 자랄수록 월등해집니다. 그만큼 어린 시절 미처 배우지 못하거나 고치지 못했던 것들을 자라서는 더 빨리 습득하고, 올바르게 바꿀 수 있답니다. 그럴 기회도 더 자주 찾아오고요.

아이가 어렸을 때 바른 습관을 심어 주어야 한다고 너무 강박적으로 생각하지 마세요. 첫 교육 시기는 아이 스스로 동기부여를 할 수 있도록 내면의 바탕을 만들어 주는 데 더 힘써야 하는 때입니다. 그런 보살핌을 받은 아이는 매일매일 달라지는 모습을 보여 줄 거예요. 어른의 눈엔 마뜩잖아 보여도 한창 성장 중인 아이에게는 너무나 자연스럽고 당연한 행동이랍니다. 물론 아이의 안전에 위험이 되는 행동들이나 습관들은 엄히 고쳐 줘야겠지요. 하지만 그런 것이 아니라면, 스스로 고칠 필요성을 느낄 때 도와주세요. 지금은 불가능한 일도 그때가 되면 금방 개선이 될 거예요. 어른이 되어서라도 늦지 않습니다.

아이의 나쁜 습관을 고치는 것은 불가능에 가깝습니다. 부모가 무리하게 바꿀 수도 없을뿐더러 그럴 필요도 없습니다. 그러니 부모 마음대로 시기를 정해, 이때가 아니면 고칠 수 없다는 생각으로 아이를 대하지 말아 주세요. 행동의 자율성을 침해당한 아이는 무력감과 좌절감을 겪을 수 있습니다. 어른의 기준으로 아이의 성장력과 시기를 한정 짓지 말고 기다려 주세요. 부모에게 가장 필요한 자질은 기다림이랍니다. 이를 항상 되새긴다면 아이를 대하는 말이 한결 더 부드러워질 거예요.

엄마의 말이 달라지는 마음가짐 첫 번째!

아이는 계속해서 성장해 나갑니다. 지금 당장 완벽한 아이로 키우기 위해 노력하기보다 스스로 동기부여를 할 수 있도록 내면의 바탕을 만들어 주는 데 더욱 힘써야 합니다.

- ▸ '아이가 어릴수록 나쁜 습관은 바로잡아 주고, 좋은 습관을 심어 줘야만 해!'
- ▸▸ **'아이는 앞으로도 계속 성장해 나갈 거야. 지금 고쳐 주지 못한 습관도 나중에 스스로 바꿀 수 있어.'**

02
아이의 자존감보다 우선하는 가르침은 없다

"엄마가 다리 흔들지 말랬지?" "갖고 논 장난감은 치워야지." "이거 끝내고, 저거 해야지. 이거 하다 말고, 저거 하다 말고. 왜 이리 집중력이 없니?" 부모들이 아이를 대하는 모습을 곁에서 보면 유독 부정적이고 지시적인 어투를 많이 사용하는 것을 알 수 있습니다. 아무래도 부모에게 자녀란 보살피고 보호해 줘야 할 품 안의 존재이기 때문이겠지요. 여기에 예로부터 부모와 자녀가 일반적으로 수직적인 관계를 맺어 온 것도 영향을 미칠 겁니다.

부모들은 그러면 어떻게 해야 하는 것이냐고 반문합니다. 아이를 가르치다 보면 어쩔 수 없이 지적하는 말을 할 수밖에 없다고 말이지요. 자신도 이런 소리를 하고 싶지 않지만, 전부 아이를 위해 하는 말이라고 항변합니다. 그런데 사실, 부모가 아이에게 가르치는 것들 중에는 부모 개인의 판단과 성향에서 비롯된 것들도 많이 있습니다. "밥 먹을 때 숟가락을 그렇게 쥐면 안 돼.", "그렇게 한꺼번에 여러 권 펼쳐 보지 마렴." 등은 사실 부모가 개인적으로 보고 싶지 않은 아이의 모습일 뿐, 사회 차원에서 꼭 지켜야 하는 규칙, 규범은 아닙니다. 숟가락을 주먹 쥐듯이 잡는다거나, 한꺼번에 여러 책을 본다고 다른 이들에게 피해를 주는 것은 없으니까요. 단지 부모가 오랜 기간 살아오면서 가지게 된 자신만의 기호이자 취향일 뿐이죠.

또한 아이는 부모의 지적이나 잔소리에 담긴 의미를 알지 못합니다. "아니, 왜 못 한다고 그래? 해 보지도 않고. 해 보면 다 돼!"라는 부모의 말 기저에는 지레 겁먹고 포기하는 아이에 대한 안타까움과 그런 자녀에게 용기를 주고자 하는 의도가 담겨 있을 겁니다. 그러나 아이에겐 억지로 강요받았다는 인식만이 남지요. 이러한 경험이 장기간 쌓이면 아이의 자의식은 심각한 상처를 입게 됩니다.

"아직도 ○○ 안 했네.", "왜 ○○ 안 하는 거니.", "○○ 안 하면 안 된다고 했지."와 같은 부정적인 말들을 밥 먹듯 들으면 누구라도 스스로에게 자신감을 가질 수가 없을 거예요. '아, 나는 안 되는 사람이구나.' 하고 자신을 규정지어 버립니다. 열심히 노력한 일이 부정당하거나 어렵고 하기 싫은 일들을 강요받아 온 아이는 자신에 대해 좋은 이미지를 가지기 어렵습니다. 유아기의 큰 특징은 자아존중감이 발달하기 시작한다는 것입니다. 자아존중감이란 자신을 가치 있고 중요하다고 생각하는 감정이지요. 자존감은 자신에 대한 주변 평가에 의해 많이 좌우된답니다. "너는 꼭 엄마가 화를 내야지만 말을 듣지?" "에구, 내가 너 그럴 줄 알았다." 등 부모가 아이를 향해 한 말들은 고스란히 아이에게 부정적인 자기 인식을 심어 줍니다. 이제 막 세상을 탐험하며 자신의 능력을 시험해 나가는 아이에게 사사건건 행동을 지적하고 잔소리를 쏟아 내면 아이는 새로운 일을 마주할 때마다 '틀리면 어떡하지?' '나는 못 해. 나는 잘하지 못할 거야.'와 같은 마음을 품습니다. 날마다 부정적인 말을 듣는 아이가 '나는 할 수 있어. 나는 장점이 매우 많아.'와 같은 긍정적인 마음을 가질 수 있을 리 없겠죠.

물론 부모는 아이의 인격을 부정할 생각이 없습니다. "너는 안 되는 아이야." "너는 못 해." "너는 잘할 수 없어." "이건 틀렸어."와 같은 말을 한 이유도 아이의 인격을 부정하려 한 것이 아니라 아이에게 잘못을 알려 주기 위함이었을 것입니다. 육아서에서도 아이가 잘못한 행동에 대해서만 혼내라고 말하기 때문입니다. 그런데 여기에는 엄청난 실수가 숨어 있습니다.

아무리 부모가 잘못한 행동에 대해서만 말한다고 하더라도 매일 시도 때도 없이 그 말들을 들은 아이는 결국 '아~ 나는 안 되는 아이구나.' 하고 생각해 버린답니다. 왜냐하면 집 안에서 혹은 공공장소에서 다른 누구도 아닌 자신만이 야단을 맞고 있기 때문이죠.

이건 마치 권투와도 같습니다. 보통 경기 중에는 치명타를 입혀야만 상대방을 빨리 이길 수 있습니다. 하지만 가벼운 잽으로도 충분히 승산이 있답니다. 작은 공격도 여러 번 받게 될 경우 상대방은 지쳐서 쓰

러질 수 있기 때문입니다. 즉 똑같은 야단도 반복해서 들으면 그 아이 역시 자존감이 하락할 수밖에 없습니다.

어쩌면 자아존중감을 일종의 주관적인 믿음이라고 생각할지도 모르겠습니다. 하지만 자아존중감은 아이가 앞으로 만들어 나갈 자신의 설계도라고 할 수 있습니다. 예를 들어 자신은 무엇이든 할 수 없다고 생각한 아이는 위축되고 소심한 어른으로 자라게 되는 거죠. 현재 우리의 모습 역시 오랜 시간에 걸쳐 자신을 어떤 사람이라고 평가해 온 평소의 본인 생각과 그에 따른 행동이 만들어 낸 결과물입니다.

자, 지금 눈앞에 있는 아이와 마주해 보세요. 때로는 부모의 뜻과는 반대되는 행동을 하겠지만, 그 뒤에 숨어 있는 아이의 무한한 가능성을 우리는 보아야 합니다. 아이가 남들보다 책을 좋아하고, 부모의 말을 잘 듣는다고 해서 마냥 좋아해서는 안 됩니다. 그렇게 되기까지 아이에게 무슨 말들을 하였는지, 오히려 잘못된 자의식을 심어 주고 자존감을 떨어뜨리지는 않았는지 살펴야 합니다.

아이를 위해서가 아니라 부모의 기호나 취향에 불과한 것들을 강요하고 있는 것은 아닌지, 빨리 결과를 보고 싶은 부모의 조급증과 욕심에서 비롯한 말은 아닌지 스스로 반성해 보아야 합니다.

· **엄마의 말이 달라지는 마음가짐 두 번째!**

아이의 자아존중감보다 우선하는 가르침은 없습니다. 아이는 부모의 도움이 필요한 존재가 맞지만, 부모와는 또 다른 인격체로 존중해 주어야 합니다.

▶ '왜 이렇게 내 뜻처럼 안 될까?'
▶▶ '지금은 아직 준비가 안 되었을 뿐이야. 아이가 즐겁게 받아들일 수 있도록 천천히 가르쳐도 괜찮아.'

03
부모의 사랑 가득한 대화가 아이를 변화시킨다

"지금은 그냥 아이가 즐겁게 뛰어놀도록 하는 게 좋지 않아? 너도 극성이다."

엄마들은 아직 결혼을 하지 않은 친구들을 만나면 꼭 이런 말을 듣고는 합니다. "네가 몰라서 그런 소리를 하는 거야. 너도 애 낳아 봐. 지금과 생각이 전혀 달라질걸?"라고 항변은 하지만 마음이 상하는 건 어쩔 수 없습니다.

엄마들 사이에서도 속상한 일은 생깁니다. 남의 아이에 관해선 '조금 발달이 느릴 수도 있지, 남자애는 그렇다고 하잖아.' 하고 대범하게 넘길 수 있지만, 내 아이의 일이라면 다르게 받아들입니다. 남의 아이 일이 내 아이에게도 일어나는 순간, 똑같은 상황이더라도 해석이 달라지는 거죠.

그러다 보니 부모들 사이에서는 끝없는 비교와 경쟁이 존재합니다. 내가 아이를 잘 키우고 있는 것인지, 괜히 나 때문에 아이가 잘못되는 것은 아닌지 불안한 심리가 이를 더 크게 조장합니다. 아이가 어릴 때는 기고 걷고 말하는 등의 발달만 견주어 보다가 교육이 시작되면 그 경쟁의 범위와 수준이 무한대로 확장합니다. 옆집 아이는 벌써 학습지를 시작한다더라, 독서를 무척 좋아해서 하루에 몇 시간이고 책을 붙들고 있다더라, 예술적 감각을 위해 바이올린도 배운다더라 등 부모는 주변 아이들이 받는 교육에 서로 촉각을 곤두세웁니다.

부모 역시 그러한 교육을 모두 시키고 싶지는 않습니다. 다만 내 아이가 그들과 경쟁을 했을 때 뒤처지지 않도록 바탕을 다져 주고 싶은 것뿐입니다. 유치원이나 학교에 들어가서 교사로부터 인정받고 예쁨을 받을 수 있길 바라니까요. 그렇게 부모는 아이의 미래를 끊임없이 고민하고 무엇을 더 해 주어야 할지 생각합니다.

그런데 아이가 "엄마, 미워!" "아, 하기 싫어! 싫다고!" "이것까지만 하고 놀면 안 돼?"라며 떼를 씁니다. 그런 아이를 보는 엄마는 자연스레 침울해지고 자신감이 꺾이지요.

하지만 이내 다시 '이 모든 것이 아이를 위한 것'이라는 생각이 들면서 강경한 태도를 바꾸지 않습니다. "이게 다 널 위해서 하는 거야. 자, 한 번만 더 해 보자." 하며 조금 더 아이를 밀어붙입니다. 자신에게도 되뇝니다. "다른 집도 이만큼 한다는데 이 정도는 해야지!"

그런데 알고 있나요? 남들보다 너무 빠르게 시작하는 유아기 교육은 문제가 될 수 있다는 사실을 말입니다. 또한 그 어떤 교육도 아이가 부모의 사랑을 느끼지 못한다면 오히려 역효과만 낳을 뿐입니다. 이는 절대 잊지 말아야 할 교육 원칙입니다.

아이는 언제나 자신의 존재가 사랑받고 있음을 확인하려 합니다. 그런데 자신이 엄마의 말을 이해하기 시작하면서 들려오는 말들이 대부분 "엄마가 안 된다고 하면 안 되는 거야." "도대체 왜 이걸 못할까." 라면 아이의 기분은 어떨까요? 엄마가 자신을 사랑해 준다고 믿었었지만 점점 그렇지 않을 수도 있다는 의심을 하게 되지 않을까요? 아이는 부모의 애정에 자신감을 가지지 못할 수도 있답니다. 사람은 의식이 통제할 수 없는 무의식이란 부분을 가지고 있어서 본인도 알아차리지 못하는 사이에 '혹시 나를 사랑하지 않는 것일까?' 하는 의심을 품을 수 있습니다. 그리고 그러한 상황이 반복될 경우 아이의 마음속 깊은 곳에서 부모의 애정에 대한 불신감이 점점 크게 자라납니다.

실제로 제가 가르쳤던 학생들 중에서도 그런 아이가 있었답니다. '아기와 배꼽'이라는 수업을 하고 있을 때였습니다. 아기는 엄마의 배 속에서 어떻게 자라는지, 탯줄은 어떤 중요한 역할을 하는지 등을 배우는 수업이었죠. 저는 미리 아이들에게 엄마로부터 편지 한 통을 받아 오는 숙제를 내 주었습니다. 그리고 수업 말미에 저마다 부모에게 받은 편지를 읽는 시간을 마련했지요.

다음은 그중 한 아이의 엄마가 보내 준 편지 내용입니다.

카요, 엄마야.

엄마는 네가 '아기와 배꼽' 수업용 편지를 써 달라고 했을 때 어떤 말을 써 주어야 할지 생각을 많이 했단다. 고민 끝에 엄마는 네가 내 배 속에 있을 때의 기쁨을 이야기해 주면 카요가 임신을 잘 이해할 수 있지 않을까라는 생각을 했어.

처음 널 가졌을 때 엄마가 얼마나 기뻤는지 아니? 아빠와 난 네가 혹여 다칠까 봐 집 안에서조차 걸음걸이를 조심하며 다녔단다. 그리고 카요야. 네가 엄마 배 속에 있을 때 제일 좋아했던 말이 무엇이었는지 아니? 바로 '사랑해'라는 말이였단다. 동화를 읽어 줄 때마다 언제라도 '사랑해'라는 말이 나오면 너는 내 배를 차며 '엄마, 저도요!'라고 말하는 것 같았지. 난 너를 가져서 나날이 행복했단다. 태어나 줘서 정말 고마워.

카요, 사랑해.

아이들의 편지에는 부모의 넘칠 듯한 애정이 가득 담겨 있었습니다. 감동한 아이들은 모두 편지를 집어삼킬 듯 몇 번이고 반복해서 읽었고 눈물을 흘리는 아이들도 많았답니다. 그때 위 편지글의 주인공인 카요가 제게 오더니 눈물을 흘리며 이렇게 말했습니다.

"선생님, 저 진짜로 너무 기뻐요."

"그렇구나. 왜 그렇게 기쁜데?"

"오늘 처음으로 알았거든요."

"응? 무엇을 말이니?"

"엄마가 저를 좋아한다는 걸요……."

카요의 말은 너무나 뜻밖이었습니다. 평소에는 전혀 그렇게 느끼지 못했다는 것이니까요. 돌이켜 생각해 보니 그 아이의 엄마는 가정방문, 수업참관과 같은 행사가 있을 때마다 강압적으로 아이를 대하는 모습을 보였습니다. 한번은 아이와 엄마가 함께 고구마 경단을 만드는 요리 수업을 진행한 적이 있었습니다. 당시 카요의 엄마는 아이에게 "동그랗게 빚어야지." "엄마처럼 이렇게 말이야. 다시 해 봐!" 하며 끊임없이 지적을 하더군요. 카요가 애처롭게 보일 정도였죠.

결코 아이를 사랑하지 않는 것은 아니겠지만 자신의 말투가 어떤지 모르는 느낌이었습니다. 아이를 위해 했던 말들이 오히려 부모에 대한 애정결핍을 초래하면서 부모의 기대와는 반대의 결과를 낳은 것입니다.

부모와의 대화는 아이의 사회성을 좌우한다

말은 대화의 수단입니다. 아이는 부모와의 대화를 통해 공부하고, 습관을 익히고, 살아가면서 필요한 지혜들을 배워 갑니다. 그 대화에서 사랑을 느낄 수 없다면, 아이는 점차 자라면서 부모를 거부하고 결국에는 서로 멀어집니다. 많은 부모들이 어렸을 때는 아이가 참 똑똑하고 착했는데 크면서 반항하기 시작하더니 돌변했다고 한탄합니다. 그러나 사실은 어려서부터 존재했던 문제들이 자라서 터진 것일 수도 있습니다.

부모의 입장에서 아이의 미래는 언제나 불안할 겁니다. 잘못된 행동이 조금이라도 보이면 마음속 불안은 근거 있는 확신으로 자라나기까지 하지요. 아이들이 살아갈 사회는 점점 힘들어질 생각을 하니 답답함도 커집니다. 자연스레 아이에게 말이 곱게 나가지 못하고 판단하는 말, 비난하는 말을 주로 하게 됩니다.

하지만 그런 말을 들을수록 아이는 부모의 사정거리 밖으로 벗어나려 합니다. 부모와 말하는 상황 자체를 거부하고 피하고 싶기 때문이죠. 항상 자신에게 무언가를 지시하기만 하는 존재와 얘기를 나누길 원하는 사람은 없습니다. 우리 역시 어릴 때 설교하는 어른들을 피하고 싶어 했지 않나요? 그때의 기억을 회상해 보면 아이의 기분을 이해하는 데 도움이 될 거예요.

많은 부모들이 만 3세까지 안정된 애착 관계를 형성해 주면 이것이 유지될 것이라고 생각합니다. 그러나 끊임없이 이에 반하는 말을 듣는다면, 아이는 그동안 부모에게 느꼈던 정서적 안정감과 사랑을 의심하게 됩니다. 부모가 의식하지 못하고 건넨 부정적인 말들이 3년간의 공든 탑을 무너뜨리는 거죠.

건강한 부모와 자식 관계는 그 아이의 생애에 걸친 인간관계, 사회성에도 영향을 끼칩니다. 부모를 신뢰하는 아이는 자신을 둘러싼 다른 일반 사람들에게도 호의적으로 다가갑니다. 아이는 부모를 통해 세상을 먼저 만납니다. 엄마, 아빠로부터 안정감을 느낀다면, 사회 밖으로 나가는 것에 대해서도 두려움이 없어요. 그 세상 역시 안전하다는 확신이 들기 때문입니다. 또한 엄마, 아빠와의 믿음이 굳건하다면 다른 사람을 믿는 데 주저함이 없습니다. 자신이 알고 있는 두 어른이 약속을 어긴 적이 없으니 다른 사람들도 믿을 만하다는 생각이 먼저 들기 때문입니다. 즉 자신이 세상에서 처음 마주한 사람인 부모와 안정적인 관계를 쌓을수록 아이는 다른 사람들과도 그렇게 지낼 가능성이 높습니다. 친구들, 선생님, 그 외 전 생애에 걸쳐 만나는 사람들과 역시 안정적인 관계를 형성해 가지요.

반대로 부모의 애정을 믿지 못하면 다른 사람들에게도 기본적으로 불신감을 가지게 됩니다. 부모를 통해 먼저 만났던 세상이 상처투성이였기 때문이에요.

아이들을 가르치다 보면 '아무래도 얘는 기본적으로 사람을 믿지 못하는구나.' 하고 느껴지는 아이가 있습니다. 그런 아이는 가령 친구와 어깨를 부딪쳤을 때 "뭐 하는 거야? 싸우자는 거야?" 하고 매사 공격적으로 반응하죠. 원인은 매일같이 쏟아지는 부모의 부정적인 말들입니다. 이를 들을 때마다 아이의 내면에서는 자신을 지키기 위해 방어 기제를 마음의 최전방에 배치합니다. 그 결과 매사 사람들에게 공격적이게 되는 것입니다. 아이의 행동 하나하나가 언제나 자신을 지키기 위한 방어 기제에서 출발한 것이라면 얼마나 슬픈 일일까요.

늘 부모와 애정 가득한 대화를 나누고 자란 아이는 친구와 어깨를 부딪친 정도로 불같이 화를 내는 일은 전혀 없습니다. 오히려 방긋 웃으며 자신이 먼저 사과를 합니다. 가령 상대의 잘못으로 부딪힌 경우라도 비난하지 않지요. 오히려 "미안해, 괜찮니?"라고 물어봅니다. 타인에 대한 기본적인 믿음이 바탕에 깔려 있기 때문에 나올 수 있는 반응입니다. 어른이 되어서도 마찬가지입니다.

사회성은 인간관계를 형성할 때에만 영향을 끼치는 건 아닙니다. 사회성이 부족한 아이는 공부를 잘할 가능성 역시 낮습니다. 타인과의 관계는 공부에 대한 동기부여에도 많은 영향을 끼치기 때문이죠. 엄마로부터의 인정, 선생님으로부터의 칭찬, 친구들의 부러움……. 그러나 이러한 것을 전혀 고려하지 않는 아이라면 공부에 대한 동기 역시 자연히 떨어질 수밖에 없습니다. 뒤에서 다시 설명하겠지만, 누군가의 칭찬과 인정은 아이에게 공부에 대한 원동력이 되어 줍니다. 그런데 타인을 잘 믿지 못하는 아이가 엄마나 선생님으로부터 칭찬을 받는 경험을 쌓을 수 있을까요? 그렇기에 사회성이 낮은 아이는 공부의 즐거움을 느끼지 못합니다.

무엇보다 위험한 것은 자신이 원하는 순간 필요한 사랑과 관심을 받지 못한 아이는 이로 인해 부모가 자신에게 슬픔, 좌절을 바라는 것이라고 생각할 수도 있다는 점입니다. 그런 무서운 결과를 초래하지 않기 위해서, 설령 아이를 위한 말일지라도 한 번 더 점검해 보세요. 부모의 욕심으로 과도한 부담을 지우고 있거나 상처 주는 말들은 아닌지 말이에요.

 엄마의 말이 달라지는 마음가짐 세 번째!

엄마가 자신을 사랑한다고 느낄 때, 아이는 기꺼이 엄마의 말에 따릅니다.

- '이건 전부 아이를 위한 일이야.'
- **'혹시 아이가 사랑을 충분히 느끼지 못하고 있는 건 아닐까?'**

04
부모의 이상향을
강요해서는 안 된다

    소중한 아이에게 좋은 말만 해 주고 싶은 게 부모의 마음입니다. 그런데 자꾸만 부정적인 말들로 아이를 상처 주고 맙니다. 도대체 왜 그러는 걸까요? 그 이유는 바로 부모가 저마다 아이에게 바라는 이상적인 모습이 있기 때문입니다.

    '편식을 하지 않는다, 힘들어도 도중에 포기하지 않고 끝까지 해낸다, 예의가 바르며 친구들과 사이좋게 지낸다, 책을 좋아하며 공부에 흥미를 보인다…….' 부모의 바람을 나열하면 아마 끝도 없을 것입니다. 그런데 현실에서의 진짜 아이는 어떠한가요? 까마득한 아래를 저공비행하는, 아니 저공비행은커녕 잠수함 상태로 언제 떠오를지 모르는 상태입니다. 그러니 현실 속 아이와 부모가 이상적으로 생각하는 모습 사이의 간격을 채우려고 하다 보니 문제가 생길 수밖에요. 물론 이를 긍정적인 교육열로 볼 수도 있겠지만, 언제나 '적당히'가 어려운 법이듯이 이는 지나친 부모의 욕심입니다.

더군다나 부모가 자녀에게 바라는 이상향은 아이 본연의 모습과는 전혀 무관한 경우가 많습니다. 모두 부모의 인생 경험과 그에 따른 지극히 주관적인 가치관에서 기인한 욕구와 바람들이죠. 당연히 부모가 아이에게 바라는 모습과 아이의 실제 모습 사이에는 큰 차이가 발생할 수밖에 없습니다. 그런데 부모는 그 차이를 쉽게 받아들이지 못합니다.

"선생님, 어떻게 우리 아이가 책을 싫어할 수 있죠?"

어느 날 명문대 교수인 엄마가 저를 찾아왔습니다. 자신의 남편도 의사라 둘 사이에서 태어났으니 분명 머리가 좋을 텐데 공부에 흥미를 보이지 않아 도무지 이해할 수 없다는 것이었습니다.

부모의 유전자를 물려받았을지라도, 아이는 부모와 동일할 수는 없습니다. 아이는 누구와도 다른, 독립적인 존재입니다. 부모가 원하고 희망하는 모습을 그려 놓은 틀 안에 아이를 밀어 넣어서는 안 됩니다. 아이를 있는 그대로 보고, 이를 긍정해 주어야 합니다. '지금 있는 그대로의 네가 좋다.' '지금 네 모습으로도 충분해.'라는 메시지를 말, 눈빛, 표정, 행동으로 항상 전해야 합니다.

그러다 보면 그동안 몰랐던 아이의 장점을 발견할 수도 있습니다. 집 안에서 보이는 아이의 모습이 전부일 것 같지만, 아이는 다양한 장점을 가지고 있습니다. 제가 교사였을 때 학부모 상담을 하다 보면 "어머, 우리 아이가 그런가요?"라는 반응을 종종 접하곤 했습니다. 자신의 아이가 어리광 많은 막내인 줄만 알았는데 "○○는 친구들 사이에서 리더예요."라는 말을 듣고 전혀 주도적인 성격인지 몰랐다고 말하는 엄마, "○○는 다른 친구들을 세심하게 챙길 줄 안답니다."라는 소리에 놀라며 집 안에서는 아이가 참 조용하고 소극적이라 걱정이 많았다는 아빠……. 이렇듯 자녀가 우리에게 보여 주는 모습은 아이의 일부에 지나지 않습니다.

아이를 있는 그대로 인정해 주라는 이야기를 하면, 간혹 그랬을 때 아이가 현실에 안주해 열심히 하지 않게 되는 것은 아닌지 염려하는 사람이 있습니다. 그런데 "지금 이대로는 안 돼, 더 노력하지 않으면 안 돼."라는 말을 들을수록 아이는 자신을 '아~ 나는 안 되는구나.'라고 생각하고 맙니다. 자기를 부정하는 것입니다. 자연스레 노력하고 싶은 마음도 생기지 않죠. 어차피 안 될 테니까요.

부모라면 누구나 자신의 자녀가 좋은 아이이길 바랍니다. 그렇게 키우고 싶어하지요. 그런데 좋은 아이란 어떤 아이일까요? 똑똑한 아이? 착한 아이? 예의가 바른 아이? 아이는 저마다 장점을 가지고 태어납니다. 부모가 스스로 정해 놓은 기준에 맞춰 아이를 교육시키는 사이, 내 아이만이 가지고 있는 개성, 특징들이 묻힐 수 있습니다. 아이의 진정한 좋은 점이자 개성이 사라질 수 있는 거죠.

아이가 잘 자라 주는 것만으로도 감사했던 시기가 지나고 조금씩 교육이 시작되면 부모는 '지금 이대로는 안 돼.' '지금보다 더 좋아질 수 있어.'라는 생각에 휩싸이기 쉽습니다. 이것저것 욕심이 생긴 부모는 아이에게 많은 것을 가르치게 되고, 모든 것이 처음일 수밖에 없는 아이는 당연히 서투르고 반항하기 마련입니다. 지금 이 시기는 이상적인 아이의 모습을 욕심내기보다 아이의 지금 모습을 존중하고 인정해 주는 것만으로도 충분하답니다.

엄마의 말이 달라지는 마음가짐 네 번째!

부모는 자신의 경험과 가치관을 바탕으로 아이에게 바라는 모습을 그려 나갑니다. 이를 아이에게 강요해서는 안 됩니다.

- '지금 이대로는 안 돼.'
- ▶▶ **'지금 이대로도 충분해.'**

제 3장

'공부는 즐겁게, 습관은 바르게, 자존감은 높게' 키우는 엄마의 말

1. 공부 – 아이는 엄마의 말로 공부의 첫인상을 결정한다
  방법을 알면 쉬워진다! – 학습지와 숙제가 즐거워지는 법

2. 습관 – "빨리빨리!"를 버리면 아침이 여유로워진다
  방법을 알면 쉬워진다! – 늑장 부리는 아이에게 시간개념을 만들어 주는 법

3. 습관 – '이유'를 알려 주면 스스로 할 수 있게 된다
  방법을 알면 쉬워진다! – 하루 습관을 자기 주도적으로 기르는 법

4. 자존감 – 부모의 평가로 자신을 판단하고 행동을 결정한다
  방법을 알면 쉬워진다! – 칭찬을 습관화하는 방법

5. 자존감 – Yes, Yes……, But 대화법

앞 장에서는 아이가 성장 중임을 인지하고, 있는 그대로의 모습으로 바라봐 줄 것을 강조했습니다. 그러면 자연스레 육아의 부담도 덜고 말의 방향도 바뀔 것이라고요. 이번 장에서는 구체적인 상황별로 아이에게 어떤 말이 좋고, 안 좋은지를 소개하고자 합니다.

옛 어른들은 요즘 엄마들에게 아이 키우기 참 좋아졌다고 말합니다. 좋은 교구들도 많고, 육아 정보도 쉽게 얻을 수 있기 때문이지요. 그러나 현실은 어떠한가요? "자기조절능력을 키워 줘야 합니다!" "영어교육은 빠르면 빠를수록 좋습니다." "집중력이 좋은 아이가 나중에 성공합니다." "유아기 교육은 무조건 창의력에 집중해야 합니다." 등 넘쳐흐르는 육아 정보만큼 숙제가 한가득 부여됩니다.

인터넷 세상이나 동네 엄마들은 또 어떻고요. "우리 아이는 네 살밖에 안 됐는데, 책만 쥐여 주면 한 시간은 거뜬히 혼자 놀아요." "글자를 가르치지도 않았는데, 혼자서 터득하더라고요." 등 그들의 이야기를 듣다 보면 우리 아이 빼고 모두 영재인 것 같아 마음이 위축되어 버리죠.

이처럼 유아기 교육으로 고민하는 부모들에게 바른 길잡이가 되어 줄 정보는 정작 드뭅니다. 그래서 감히 3장에서는 이 시기 제가 가장 중요하다고 생각하는 '공부, 습관, 자존감'을 주제로 대화법을 알려 주고자 합니다.

아이에게 필요하다는 무수히 많은 능력 중 습관과 자존감을 꼽은 이유는 성장의 근본이 되는 힘이기 때문입니다. 독서를 비롯한 공부 역시 마찬가지입니다. 이를 빼놓고는 교육을 말할 수 없죠. 아무리 아니라고 해도 부모들의 공부에 대한 관심은 대단히 높습니다. 그래서 잘못된 시작으로 아이에게 공부에 대한 부정적인 인식을 심어 주지 않고, 좋은 첫 인상을 선사할 수 있도록 도와주고자 합니다.

쉽게 따라 할 수 있도록 구체적인 상황 속에서 아이에게 도움이 되는 부모의 말들을 살펴보고자 합니다. 이와 더불어 '방법을 알면 쉬워진다!'라는 코너를 만들어, 아이교육에 도움이 될 만한 방법들을 함께 제공해 주고자 합니다. 사실 아이마다, 부모마다, 환경마다 같은 방법일지라도, 같은 말(방법)일지라도 효과가 다를 수 있습니다. 그러니 원하는 정보만을 얻으려 하기보다 왜 이런 말(방법)들이 아이에게 긍정적인 효과를 이끌어 내는지에 주목하며 읽어 주기를 바랍니다.

공부 – 아이는 엄마의 말로
공부의 첫인상을 결정한다

유아기, 점차 공부를 가르칠 때가 다가오면 부모들은 묘한 스트레스를 받습니다. '아직 어린데 vs 지금 시작해야 한다'는 마음이 동시에 들기 때문입니다. 정확한 길잡이가 있으면 좋으련만, 접하는 정보마다 서로 다른 주장을 합니다.

저는 여기서 공부의 흥미와 의욕을 북돋아 주는 말과 공부에 대한 부정적인 인식을 심어 주는 말을 살펴봄으로써 올바른 유아기 공부에 대해 이야기해 보고자 합니다. 처음 아이에게 공부를 가르칠 때 부모는 무엇보다 자신을 경계해야 합니다. 이 시기에 모든 것을 끝장낼 기세로 가르치려 들고 욕심을 낸다면 아이는 정작 본격적으로 공부를 해야 할 시기에 필요한 흥미와 의지를 일찍부터 잃을 수 있기 때문입니다.

도대체 몇 번을 가르쳐 줬는데도 틀리는 거니?

유아기 공부의 가장 큰 문제는 어디까지나 본격적인 공부에 앞서 준비를 위한 시기임에도 부모의 목표가 높다는 사실입니다. 그러다 보니 아이가 기대에 미치지 못할 경우 부모는 가슴이 쿵 내려앉습니다. '우리 아이가 왜 그러지?' '머리가 나쁜 게 아닐까?' '혹시 우리 아이가 ADHD는 아니겠지?' 별의별 생각이 다 듭니다. 아이의 발달이 미흡하여 서툰 것이 당연한 데도, 어른인 부모는 미처 거기까지 생각이 이르지 못합니다.

사소한 실수만 보여도 "제발 좀 얌전히 앉아 있지 못하겠니?" "뭐야, 이 글자는? 예쁘게 써야지." "엄마가 방금 가르쳐 줬잖아. 뭐라고 했었지?" 하며 아이를 채근하고 몰아붙입니다. 이런 말을 하면 자기들은 전혀 부정적인 표현을 사용하지 않는다고 말합니다. 그런데 그런 부모들조차 아이에게 책을 읽어 주는 모습을 보면 "그림을 봐 봐. 아이고, 아직 다 안 봤는데 책장을 넘기면 어떡해." "자, 이 책을 다 읽고 저 책을 봐야지." 등 부모가 생각하는 독서를 강요하곤 합니다.

어느 날 강연회에서 한 엄마와 이야기를 나눌 기회가 있었습니다. "저희 아이가 책을 정말 좋아해요. 하도 읽어 달라는 통에 목이 다 쉰 적도 있어요. 처음에는 좋았는데, 너무 힘들어서 이제는 책을 다 숨겨 버렸어요. 지금은 제가 시간이 될 때에만 몇 권 골라서 읽어 주고 있답니다." 하고 말하더니 자랑스러운 미소를 짓더군요. 아마, 이 정도로 자신의 아이가 책을 좋아한다는 사실을 자랑하고 싶었던 거겠죠.

그런데 엄마들이 놓치고 있는 것이 있습니다. 엄마들은 아이들이 책을 좋아하기를 바랍니다. 아이가 책을 읽어 달라고 하면 기꺼이 해 주지요. 단 엄마가 원하는 때에만 말입니다. 아이가 책을 좋아하길 바라면서도 정작 아이가 책에 흥미를 보일 때는 바쁘다며 관심을 보이지 않더니, 엄마가 여유로워지면 잘 놀고 있는 아이에게 억지로 책을 들이미는 거죠.

무언가 잘못된 것처럼 느껴지지 않나요? 부모들은 책을 접하는 시기가 빠를수록 또 많이 읽을수록 좋다고 생각합니다. 조기교육과 달리 부작용이 없다고 생각하니까요. 그래서인지 대부분 아이교육을 책 읽기로 시작하는 경우가 많습니다. 처음에는 아이들도 관심을 보이고 잘 따르죠. 엄마가 좋아하기 때문이든, 진짜로 책을 좋아하기 때문이든 책에 관심을 보입니다. 그런데 책을 읽을 때마다 자꾸 지적을 받는 일이 늘어납니다. 자신이 놀고 싶을 때, 다른 일을 하고 싶을 때조차 독서를 강요받으니 점점 책이 보기 싫어집니다. 정작 책을 읽어 달라고 할 때는 바쁘다고 하던 엄마가 자신이 쉴 때만 골라 책을 강요하는 것 같아 원망스럽기까지 합니다. 그렇게 아이는 공부라고 하기조차 어려운, 이제 막 배움이라는 것을 향해 걸음마를 떼려는 시기에 책에서부터 부정적인 인식을 갖게 됩니다.

실제로 미국 피츠버그 의과 대학과 UC버클리, 하버드 대학의 공동 연구팀이 미국 학술지 〈사회적 인지 및 감정 신경과학〉에서 발표한 자료에 따르면 부모의 잔소리는 자녀의 이성적 사고를 멈춘다고 합니다. 평균 연령 14세의 청소년 32명을 대상으로 어머니의 잔소리를 녹음한 음성을 30초 정도 들려주었더니, 부정적 감정을 처리하는 대뇌변연계의 활성도가 높아진 동시에 감정조절을 관장하는 전두엽과 상대방의 관점을 이해하는 역할을 하는 측두엽의 활성도가 떨어지는 결과가 나온 것이죠. 이는 비록 청소년 아이들을 대상으로 한 실험이지만, 이를 통해 잔소리가 유아기 아이들에게 미치는 부정적 영향 역시 유추해 볼 수 있습니다.

무엇이 재미있니? 어때? 궁금하지 않니?

유아기 공부의 기본은 내면 동기를 길러 주는 것입니다. 앞서 소개한 말들은 공부를 하고자 하는 의욕을 꺾어 버립니다. 이 시기 아이들은 궁금한 것이 너무나도 많습니다. 이 세상에 탐험 나온 모험가와도 같습니다. 그 호기심을 잘 자극한다면 얼마든지 아이에게 공부에 대한 재미와 즐거움을 알려 줄 수 있습니다. 이를 위해서는 부모가 끊임없이 아이의 관심사에 집중해 줘야 합니다.

"아이의 좋은 점이나 장점은 어떤 것입니까?" 하고 부모들에게 질문했던 적이 있습니다. 하지만 그 질문에 대답을 다들 못하더군요. 그래서 질문을 바꿔 보았죠. "아이가 자주 하거나 열중하고 있는 것은 무엇인가요?" 대부분의 부모들이 그제야 대답을 하기 시작했습니다.

"벌레를 집으로 가져와서 관찰하는 것을 좋아해요."

"무엇을 그리는지는 모르겠지만, 시간만 나면 무언가를 그려요."

아이의 이러는 모습은 매우 자연스러운 일이자 그 아이의 장점이라고 할 수 있습니다. 호기심이 가득한 이 시기의 아이들에겐 어른들처럼 벌레가 징그럽다는 선입견이 없습니다. 그저 재미있고 신기한 것이죠. 그래서 그것들을 만지고 모은다는 것은 어떻게 보면 아이의 호기심이 정상적으로 성장하고 있다는 신호랍니다. 그리고 그렇게 모든 것들을 자랑한다는 것은 그만큼 아이의 자부심도 커간다는 뜻이지요. 아직 소근육이 발달하지 않은 탓에 아이의 그림은 원래 무엇을 그렸는지 잘 알 수 없습니다. 특히 남자아이들은 '움직임'을 그리기 때문에 더 알아볼 수 없어요.

그러나 이러한 행동들을 부모는 아이의 장점이라고 생각하지 않습니다. 어른의 가치관에서 봤을 때 아무런 이득이 없기 때문이죠. 그러다 보니 아이가 자신이 좋아하는 일을 하고 있을 때 "자, 이제 그만~! 엄마랑 이름 써 보기 놀이할까?" 하며 중단시켜 버리곤 합니다.

공부의 즐거움은 아이의 관심을 끄는 데서 시작해야 합니다. 아이가 좋아하는 일이라면 쉽게 가능하겠죠. "와, 벌레가 신기한가 보구나. 이 벌레 이름은 무엇일까, 한번 찾아볼까?" 하며 벌레에 대한 관심을 생명과학에 대한 관심으로 이어갈 수도 있고, 그림을 좋아한다면 그림 수학, 창의력 미술교육도 꾀할 수 있겠지요. 평소 아이가 흥미를 보이지 않던 것일지라도 "어떻게 될까? 궁금하지 않니?"처럼 부모의 적절한 호응과 호기심을 자극하는 말들로 얼마든지 관심을 북돋을 수 있습니다.

정말 대단하다, 이렇게 잘하는구나

유아기 공부에서 부모의 칭찬은 절대적입니다. 아이가 부모에게 칭찬을 받음으로써 느낀 기쁨은 다음 공부에 대한 동기부여로 이어집니다.

"대단하다!" "정말 잘하는구나!" 등의 칭찬하는 말은 마법처럼 아이를 변화시킵니다. 부모에게 혹은 다른 어른들에게 칭찬을 받고 싶어 계속 공부하게끔 만들지요. 반복적으로 말하지만 영유아들은 아직 공부가 무엇인지 잘 모릅니다. 공부라는 것 자체가 왠지 낯설어 자신감도 없습니다. 그런데 부모가 하라고 하고, 자신이 열심히 하면 부모가 좋아하니 공부합니다.

자신의 어릴 때를 돌아보세요. 우리도 아이일 적 공부가 얼마나 어렵고 하기 싫었었나요? 그런 자신의 마음을 엄마가 공감해 주고 "하기 싫었을 텐데, 다 했네. 장해."라고 말해 주었을 때 무언가 뿌듯해지지 않았었나요?

사실 공부는 원래 하기 싫고 어려운 것입니다. 직접 해 보아야 배울 수 있고 틀려 보아야 제대로 배울 수 있습니다. 그러니 아이가 기대에 못 미친다고 야단치지 말아 주세요. 대신 칭찬해 주세요. 노력 그 자체를 대견스럽게 생각해 주세요.

칭찬은 매우 훌륭한 보상입니다. 아이를 키울 때 꼭 알아 두어야 하는 방법이 바로 보상을 통한 강화라고 합니다. 어떤 행동을 계속 하도록 유도하는 것을 강화라고 하는데, 보상은 강화를 가능하게 만드는 기본적인 방법입니다. 그중에서도 칭찬은 대표적인 내적 보상 방법 중 하나랍니다. 아이가 해야 할 일을 해냈을 때 받았던 칭찬은 그 일을 잘 해냈다는 기쁨과 보람을 함께 연결시켜 주어 성취감을 느끼고 그 일을 반복적으로 하도록 유도하는 힘이 있습니다.

즉 '공부하면 칭찬받는다.'고 느낄 수 있도록 해 주어야 아이는 공부를 즐겁게 받아들일 수 있습니다. 그래야 다음 공부로의 시작도 순조롭습니다. 그러니 아이가 공부하는 것을 당연하게 생각하지 말고, 잘하든 못하든 하고 있다는 사실만으로도 충분하다고 여겨 주세요. 아이가 언어를 배울 때 같은 단어를 여러 번 들어야 익힐 수 있듯이, 보상도 자주 해 줘야 강화가 빨리 이루어집니다.

이해하기 쉽도록 예를 들어 볼게요. 다음은 잡지 구독자인 엄마로부터 받은 고민 상담 중 하나입니다.

안녕하세요, 저는 네 살 남자아이를 키우고 있는 엄마입니다. 얼마 전부터 아이에게 글자 공부를 시키고 있는데요, 아이의 글씨가 너무 악필이라서 고민입니다. 어떤 엄마들은 아이의 글씨가 삐뚤빼뚤한 것은 당연한 것이라고들 말하는데 이건 너

무 심해요. 아무리 아이의 눈으로 바라보려 해도 아이가 쓴 글자가 무슨 뜻인지 전혀 알 수가 없거든요. 아이에게 무작정 "제대로 써 봐!"라고 혼을 내기도 뭐해서 "엄마가 써 볼 테니 따라 써 봐."라고 말해도 도저히 고쳐지질 않아요.
아이의 악필, 어떻게 바로잡아야 하나요?

위의 고민에 대한 제 해결 방법은 간단했습니다. "칭찬하세요."

'글자가 엉망'이라고 해서 생각한 것을 그대로 입 밖으로 내서는 아무런 효과가 없습니다. 우선 칭찬부터 해 주세요. 어떤 의미인지 알아볼 수 있는 글자를 찾아 손으로 가리켜 칭찬하기 시작하면 얼마 후 아이의 변화를 볼 수 있답니다.

처음에는 '이렇게 엉망진창인 공책에서 어떻게 잘 쓰인 글자를 찾지?'라는 생각에 낙담할 수도 있습니다. 하지만 당장은 알아보지 못하더라도 잘 쓴 한두 글자는 보일 거예요. 칭찬해야 한다는 마음가짐으로 바라보면 찾을 수 있답니다. 찾은 글자들을 하나하나 칭찬해 주세요. 그러면 아이는 점점 느리지만 글씨를 바르게 쓰려고 노력하게 됩니다. 실제로 이 사연의 엄마도 아이의 글씨가 바뀌기 시작했다며 고마움이 담긴 편지를 보내왔답니다.

이처럼 작은 칭찬에 아이의 글씨가 바뀌었듯이 항상 칭찬을 해 주세요. 그런 다음에 "자, 그런데 고치고 싶은 것 없니?"나 "이것과 이것만 다시 써 볼까?"와 같은 방법으로 부드럽게 고쳐야 할 부분을 말해 주세요. 그러면 아이는 즐거운 마음으로 기대를 담아 다시 시도해 볼 겁니다.

어려운 건데 대단하구나

아이가 3~5세경이 되면 산수 공부를 시작하는 부모가 많습니다. 이때에도 "아냐, 틀렸어. 다시 해 봐."라고 야단치지 말고 우선 칭찬할 부분을 찾아내 보세요. 학습지를 통해 공부하고 있다면 "세 개나 틀렸어."가 아니라 "우와, 일곱 개나 맞았네."처럼 "틀렸네."를 "맞았네."로 바꿔서 말할 수 있어야 합니다. 그것만으로도 아이는 뿌듯함을 느낀답니다. 이때 "다른 친구들도 다 어려워해. 너는 정말 잘하고 있는 거야."처럼 아이가 하고 있는 일 자체를 높게 평가해 주는 것도 아이에게 긍정적인 동기부여가 됩니다.

잘 칭찬하는 비결은 결과에 주목하지 않고 부분을 눈여겨보는 것입니다. 그런 생각을 가지고 항상 아이를 지켜본다면 칭찬해 주고 싶은 부분이 자연스레 눈에 들어온답니다. 이렇게 칭찬을 통해 즐거운 감정과 행동을 연결시켜 주면 아이가 앞으로 그 행동을 반복할 가능성이 커집니다. 반대로 고쳐 주고 싶은 것이 있을 때도 칭찬은 효과를 발휘합니다. 칭찬을 많이 받아 기분이 좋아진 아이는 부모의 말을 쉽게 수긍하게 되거든요.

칭찬의 본질은 아이가 잘하고, 못 하고의 여부를 판단하는 것이 아니라 꾸준히 노력하도록 격려하는 것입니다. 부모는 칭찬을 통해 아이가 발전하는 것을 목표로 삼아야 합니다.

간혹 엄마들 중에는 일일이 칭찬해 주지 않아도 된다고 말하는 사람들도 있습니다. 어차피 보다 보면, 먹다 보면 점점 그 즐거움을 알 거라고 생각하기 때문인 것 같습니다. 하지만 진짜로 그럴까요?

자, 한번 상상해 봅시다. 학습지 교사가 찾아왔습니다. 자신이 좋아하던 놀이 시간마저 줄여가며 아이는 한 자리에 몇십 분이고 앉아 있습니다. 자꾸 평가를 받는 것 같아서 긴장감이 들지만 힘을 내서 수업이 끝날 때까지 움직이지 않습니다. 정말 기쁩니다. 그런데 엄마가 "수업 시간에 뭐 배웠어? 엄마한테도 말해 보렴." 하며 자꾸만 물어봅니다. 그러면 누구라도 긴장이 되기 마련입니다.

무언가를 배운다는 건 아이에게 도전입니다. 그런 긴장이 계속되는 과정을 아이가 과연 즐길 수 있을까요? 부모가 좋아한다는 것을 알기에 아이는 힘들지만 노력하는 것입니다. 아이가 스스로 즐거움을 얻기에는 아직 어렵습니다. 물론 천성적으로 배우는 것을 즐거워하는 아이들도 있습니다. 그러나 대부분은 부모가 적절한 칭찬과 격려로 공부의 즐거움을 경험시켜 줘야 합니다. 그래야 공부의 첫인상을 좋게 가질 수 있으며, 후에는 배움을 신나는 일로 생각할 수 있습니다.

칭찬이 가진 놀라운 힘

각 분야에서 성공한 사람들 역시 마찬가지랍니다. 그들이 어릴 때 보였던 비범한 행동들을 사회에서는 문제라고 판단하고 질책했어요. 하지만 그들 곁엔 그러한 행동을 장점으로 생각하고 지지해 준 부모들이 있었답니다.

스티브 잡스 이야기를 해 볼까요? 지금은 세계적으로 천재라고 칭송받는 그도 초등학교 시절 소위 '문제아'였다고 합니다. 학교를 자주 빼먹고, 담임교사의 의자 밑에 폭음탄을 설치하는 등 여러 사건들로 학교에서 강제 귀가 조치를 받았을 정도였죠. 그런 아들로 인해 교사와 면담을 하게 된 그의 아버지는 "학생이 학교에서 공부에 흥미를 느끼지 못한다면 그것은 선생님의 잘못"이라고 말하며 오히려 그의 아들을 두둔했다고 합니다. 그리고 후에 아마추어 전자공학 키트에 빠져 열중하는 스티브 잡스를 보고는 집 안 작업대의 반을 그에게 내어 주며 전자 부품들을 분해하고 탐닉할 수 있도록 도움을 주었다고 해요. 스티브 잡스가 남긴 명언 중 이런 말이 있습니다.

"People who are crazy enough to think they can change the world are the ones who do.(자기가 세상을 바꿀 수 있다고 생각할 만큼 미친 사람들이 결국 세상을 바꾸는 사람들이다.)"

오히려 그의 부모가 학교에서 문제아로 취급받던 스티브 잡스에게 혼을 내거나 공부할 것을 강요했다면 '애플'을 만들어 내며 세계적인 컴퓨터 발명가로 거듭나지 못했을 겁니다.

　그러니 부모는 자신의 마음에 들지 않는 부분이 있더라도 아이의 행동을 눈감아 주세요. 그 대신에 자그마한 부분이라도 찾아내어 칭찬해 주길 바랍니다. 아이가 자주 하고 있거나 열중하고 있는 일을 독려해 주세요. 그럼 아이는 더 깊은 집중력을 보여 줄 거예요. 시간이 지나 그 일에 싫증이 나더라도 열중했던 노력과 기억은 후에 '어떤 일도 다시금 도전할 수 있는' 자신감을 불어넣어 줄 것입니다. 여러 분야에 골고루 시도해 봤던 경험들이 차곡차곡 쌓여 아이를 활기차고 빛나는 어른으로 성장시켜 줄 거예요.

　이번에 소개하고 싶은 사람은 야마가타 신칸센 차내의 판매원 여성입니다. 1,300명의 동료들 중에서 항상 뛰어난 매상을 자랑하는 최고 우수사원이지요. 그녀는 고객층을 고려하여 카트의 상품 배치를 주기적으로 바꿨습니다. 손님의 마음을 헤아릴 수 있도록 역방향으로 항상 카트를 끌며 고객들의 얼굴을 찬찬히 살펴보는 습관도 길렀지요. 계산에 걸리는 시간을 단축하기 위해 자신만의 방법을 강구하기도 했습니다. 그러한 노력의 결과 최고 우수사원이 될 수 있었던 거죠.

　어떻게 보면 이런 일들을 대수롭지 않게 생각할 수도 있습니다. '이게 뭐야, 나도 하겠다.'고 말이죠. 그러나 1,300명의 직원들 사이에서 우수사원으로 뽑힌 데에는 분명 사소하지만 항상 고객에 관심을 기울였던 노력 덕분이라고 생각합니다. 이러한 자세를 가질 수 있다면, 어느 곳에서든, 무슨 일을 하든 두드러진 성과를 낼 수 있답니다.

부모는 아이의 노력을 무심코 당연하게 생각합니다. 또한 어른의 관점에서 아이의 관심사를 평가해 버리지요. 아이가 의욕에 넘쳐 하고 있는 일을 크게 칭찬하고 동시에 그 일을 더욱 깊이 열중할 수 있도록 옆에서 도와준다면 놀라운 일이 일어난답니다. 원래 아이는 부모의 도움이 없으면 다른 아이보다 조금 뛰어난 정도의 수준에 머무릅니다. 더 진전된 단계로 나아갈 구체적 수단을 모르기 때문입니다. 돈이나 정보, 행동력이 없는 아이는 더욱 그러합니다. 그러나 부모의 도움이 있으면 누구에게도 지지 않을 정도의 특기 수준에까지 이를 수 있어요. 특별한 건 없습니다. 그냥 옆에서 온마음으로 응원해 주는 거예요.

부모는 언제나 아이의 시선에서, 작은 것이라도 칭찬해 주고, 결과가 없더라도 노력했던 자세 그 자체를 응원해 줄 수 있어야 합니다. 그러면 아이는 삶을 대하는 올바른 자세를 만들어 나갈 수 있을 것입니다.

공부는 이렇게 가르치자

- **유아기는 그저 앞으로의 공부를 위해 준비하는 시기일 뿐입니다**
  책 한 권을 끝까지 읽지 못하고 이것저것 들추기만 하는 아이에게
  ▸ "자, 그림을 봐 봐. 아이고, 아직 다 안 봤는데 책장을 넘기면 어떡해."
  ▸▸ **아이의 책장을 넘기는 행동을 그저 유심히 바라봐 주세요.
  이 시기에는 책에 대한 관심을 잃어버리지 않는 것이 더욱 중요하답니다.**

- **아이의 호기심과 관심을 유도해 주세요**
  벌레를 들고 집에 들어온 아이에게
  ▸ "그런 징그러운 것은 집에 왜 가져온 거야!"

▸▸ "벌레를 가져왔구나. 근데 이 벌레는 이름이 뭘까? 궁금하지 않니?"

- **아주 작은 것이라도 칭찬해 주세요**

  글자를 전혀 알아볼 수 없을 정도로 삐뚤빼뚤 쓴 아이에게

  ▸ "뭐야, 이 글자는? 예쁘게 써야지!"
  ▸▸ "(잘 쓴 글자를 찾아내어) **우와, 이 글자 정말 잘 썼다. 이것도 잘 썼네. 자, 그럼 이것도 요것처럼 고쳐 볼까?**"

- **아이가 하고 있는 일이 얼마나 대단하고 어려운 일인지 알아 주세요**

  산수 문제를 너무 많이 틀린 아이에게

  ▸ "일곱 개나 틀렸어? 이것 전에도 엄마가 설명해 준 거잖아."
  ▸▸ "**우와, 세 개나 맞았어? 어려운 건데 잘했네. 대단하구나.**"

방법을 알면 쉬워진다!

학습지와 숙제가 즐거워지는 법

앞에서 '말'을 공부했다면, 여기서는 구체적인 방법을 알려 주려 합니다. 아이의 행동을 자연스럽게 유도하기 위해선 말뿐만이 아니라 이에 필요한 환경을 만들어 주는 방법 역시 공부할 필요가 있답니다. 아이가 하나의 단어를 완벽하게 익히기 위해서는 단어만을 가르쳐 주어서는 안 됩니다. 그 단어를 사용하는 상황과 연결해 반복 학습을 시켜 줘야 아이는 온전히 이해할 수 있어요. 아이에게 어떤 행동을 가르치는 과정 역시 마찬가지입니다. 부모의 한마디에 척척 바로 따르는 아이는 드뭅니다. 그렇다고 왜 이렇게 말을 안 듣느냐고 아이를 타박해서는 안 됩니다. 자연스러운 거니까요. 그렇기 때문에 부모는 아이의 행동을 유도할 수 있는 환경을 동시에 만들어 줘야 합니다.

'공부'와 관련하여 부모들이 가장 많이 고민하는 것은 무엇일까요? 바로 숙제와 학습지 시키기일 것입니다. 아이들이 가장 싫어하는 것들이기도 한데요. 몇 가지 방법을 이용한다면 숙제와 학습지로 아이와 씨름하는 일을 줄일 수 있답니다.

▶ 아이와 함께 규칙을 만들자

유치원에서 숙제가 나오거나 학습지를 시작했다면, '간식을 먹고 난 후 학습지를 풀기'처럼 아이와 규칙을 함께 만들어 보세요. 아이는 자기가 만들었다는 생각에 스스로 규칙을 지키려고 노력하는 모습을 보일 거예요.

▶ 목표를 작게 잡아 주자

이는 학습지를 하기 싫어하는 아이에게 의욕을 심어 주는 방법입니다. 처음부터 많은 것을 시키려고 하지 마세요. '자, 이거 한 문제만 풀어 볼까?' 하는 식으로 처음에는 아주 작은 목표에서 시작하는 것이 중요합니다. 그러면 아이도 가벼운 마음으로 시작할 수 있습니다. 아이가 잘 따라 온다면, '다음 한 문제도 풀어 볼까?' 하며 조금씩 더 나아가 보세요. 만약 아이가 도중에 거부하면 몇 번 더 가볍게 권해 보고 그래도 싫어할 경우 억지로 더 시켜서는 안 됩니다.

숙제 역시 목표를 낮게 잡고 시작해 보세요. 숙제라고 하면 아이들은 부담을 느낍니다. 사실 막상 해 보면 별거 아닌 일인데도 말이죠. 그래서 시작에 대한 압박을 덜어 주는 것이 중요합니다. 제일 간단해 보이는 하나 정도만 목표로 삼아 "엄마와 같이 해 볼까?"라고 말하여 아이에게 다가가 보세요. 한두 문제 정도 풀다 보면, 아이는 자신감이 생깁니다. 이 시기 숙제는 사실 아주 적어요. 그렇기에 숙제를 완수하는 것보다 숙제에 대해 부정적인 인식을 가지지 않도록 유의하는 것이 더 중요합니다.

▶ 시각화하자

아이가 해야 할 숙제나 학습지가 있다면, 지금 당장 하지 않더라도 아이용 책상이나 식탁 위에 언제든 할 수 있도록 준비를 해 둡니다. 아이와 함께 말이죠. 자신이 해야 하는 일들을 시각적으로 볼 수 있기 때문에 잊지 않고 해내게 됩니다.

▶ 유아기 공부, 한 번에 목표는 하나

이 시기 아이의 자신감은 매우 중요합니다. 그런데 첫 교육은 그런 자신감이 흔들릴 수 있는 시기입니다. 계속 틀리고, 잘하지 못하는 자신의 모습에 아이가 우울해지기 쉽기 때문입니다. 그러니 아이가 받아들이고 이해할 수 있도록 목표는 한 번에 하나씩 잡아 주세요.

▶ 유아기 공부는 최대 30분이 한계!

이 시기 아이들에게 책상에 얌전히 앉아 있는 모습을 기대해서는 안 됩니다. 집중력이 매우 짧기 때문이죠. 얇은 그림책 한 권을 한번에 다 읽지 못할 정도죠. 그게 당연한 겁니다. 무조건적으로 "책상에서 움직이지 마!"라고 말한다면, 아이는 오히려 어수선해집니다. 빨리 책상에서 일어나고 싶어지죠. 그렇기에 엄마의 마음은 너그러워져야 합니다. 아이가 책상 자체를, 더 나아가 공부를 싫어하지 않도록 말입니다.

여기까지 가장 기본적인 방법을 소개하였는데요. 항상 명심해야 하는 것은 '칭찬해야 한다.'는 점입니다. 사실 많은 아이들이 숙제를 부담스러워하고 하기 싫어합니다. 하지만 학습지와 달리 숙제는 의무성을 가집니다. 미루지 않고 하는 자세를 가르쳐 줘야 하지요. 그렇다고 당연한 행동이라 생각하지 말고, 숙제를 하다니 기특하다고 칭찬해 주길 바랍니다.

습관 – "빨리빨리!"를 버리면 아침이 여유로워진다

엄마들이 하루 중 가장 바쁠 때는 언제일까요? 바로 아침이 아닐까요? 아침이면 너무나도 느긋한 아이와 마음이 바쁜 엄마 간에 전쟁이 펼쳐집니다. 이 시기 아이에게는 언제까지 무엇을 해야 한다는 개념(규칙 등)이 없습니다. 의무감 역시 약합니다. 그러다 보니 걸핏하면 어린이집이 가기 싫어지죠. 옷을 입다 말고 장난감을 만지작거리기 일쑤입니다. 그런 아이를 어르고 달래고 혼도 내가며 등원시키고 나면 엄마는 혼마저 나가 버린 느낌입니다. 이런 전쟁을 겪지 않고 즐겁게 등원시킬 수 있는 방법은 없을까요? 아이에게 늑장 부리지 않는 태도를 가르쳐 줄 수는 없을까요? 사실 엄마들이 하는 "빨리 해!"라는 말에 그 비밀이 숨어 있습니다.

빨리 안 일어날래? 꾸물거리지 좀 말고!

잡지를 발행한 이후 가장 많이 들어온 엄마들의 하소연은 "아침마다 정말 전쟁이에요. 일어나지 않는 아이를 깨우는 것부터 씻고 먹이고 매일 등원 버스 놓칠까 봐 정말 조마조마해요. 조금만 빠릿빠릿하게 움직여 줬음 좋겠어요."입니다. 늦어도 태평인 아이를 어떻게 하면 좋을지 조언을 구하는 요청도 많았지요.

아마 백이면 백 아침마다 엄마들은 아이에게 다음의 말들을 해 왔을 겁니다.

"빨리 해. 지금이 몇 시인 줄 아니?" "빨리빨리 좀 해. 버스 놓치겠다." "얼른 밥 먹어!"

그럼에도 서두르지 않고 더욱 늑장을 부리는 것 같은 아이 때문에 아침부터 여러 번 화를 참아야만 했을 것입니다.

사실 아이만을 탓할 것이 아닙니다. 엄마들이 말을 잘못해서 벌어지는 일이거든요. 엄마들에게 "빨리 해!" "얼른 하지 못해?!"라는 말을 들은 아이는 마치 자신의 행동이 잘못된 것처럼 느끼게 됩니다. 혼나는 말처럼 느끼는 거죠. 앞에서도 말했듯이 아직 사회 혹은 가정 내 규칙에 덜 익숙해진 아이들은 무엇을 지금 당장 해야 하는지 모른답니다. 그래서 무작정 외치는 "빨리빨리!"는 아이를 어리둥절하게만 만들 뿐이죠. 오히려 아이의 행동을 더욱 지연시키는 이유입니다.

아이에게로 향한 '빨리'는 엄마 자신에게로도 돌아와 마음속에 내재한 조급증을 부채질합니다. 아침에 가장 심해지지요. 어린이집에 아이를 늦지 않게 보내려면 준비해야 할 일들이 많기 때문입니다. 직장인 엄마라면 그 부담감은 배가 됩니다. 아이의 등원 준비뿐만 아니라 자신의 출근 준비까지 마쳐야 한다고 생각하면 할 일이 끝이 없어 보이기 때문입니다. 그런 바쁜 엄마의 마음은 나 몰라라 "오늘은 가기 싫어. 집에서 놀 거야." "너무 피곤해서 일어나기 싫어." 하며 투정을 부리는 아이를 대할 때면 화가 치밀어 오릅니다. 시간이 없다는 생각에 아이에게 제대로 이유를 들려줄 마음의 여유도 없습니다. 그러다 보니 무심코 아이에게 "그럼 오늘 아무도 없는 집에 혼자 있어!" "당장 안 일어나?" 라고 소리치게 됩니다.

하지만 아이를 재촉하기 전에, 습관적으로 서두르고 있는 건 아닌지 한번 돌아봐 주세요. 아침에 엄마는 해야 할 일이 너무 많습니다. 아이만을 보고 있기 힘들지요. 그러다 보니 으레 아이가 안 했을 거라고 생각하고 "얼른 밥 안 먹어?!" "양치해야지!" 라며 큰소리를 냅니다. 아이가 이미 했을 수 있는데도 말이죠. "나 이미 밥 먹었어!" "양치했는데, 또 해?" 하고 반문하면서 아이는 상처를 받았을 수도 있습니다. 하루쯤 양치 안 하면 어떤가요? 누구나 어린이집 버스를 놓칠 수도 있지요. 이것저것 모두 챙기느라 서두르기보다 아이가 밥을 먹을 때 옆에 앉아서 말을 걸어 주고, 아이가 들려주는 이야기들에 귀를 기울여 주세요. 오히려 아침 준비가 더 빨리 끝날 수도 있답니다.

왜 그러니? 무슨 일 있니?

이렇게 아침의 시작을 바꿔 보라고 하는 이유는 아이의 정서가 무엇보다 중요하기 때문입니다. 하루의 첫 단추를 끼우는 아침 시간, 일어나면서부터 엄마의 잔소리를 들은 아이의 기분은 어떨까요?

물론 엄마의 입장도 이해합니다. 당장 밥을 먹고 씻고 옷을 입고 어린이집에 가야 하는데도 아이는 아침에 늑장을 부립니다. 계속 딴짓을 하고 조잘조잘대기까지 합니다. 아이의 그 모습을 보면 당연히 마음이 조급해질 수밖에 없습니다. 그런데 사실 아이는 엄마에게 하고 싶은 이야기가 너무 많습니다. 어젯밤 꿈 이야기부터 집 앞 나무에 새로 핀 꽃 이야기까지 아이에게는 순간순간이 기쁘고, 놀라운 일투성이라 빨리 누군가에게 말해 주고 싶답니다. 그러나 이때마다 엄마들은 "쓸데없는 소리 좀 그만하고, 얼른 밥 먹어!" "아, 그렇구나. 그 이야기는 나중에 다시 들려주겠니? 지금은 얼른 옷부터 입자." 하며 아이의 이야기를 잘라 버립니다. 충분히 이야기를 다하지 못한 아이는 욕구 불만을 느끼지요.

그러니 "빨리 해!"라고 재촉하기 전, 아이의 정서 상태부터 보살펴 주세요. 아이가 왜 일어날 생각을 하지 않는지, 왜 밥을 깨작거리는지 아이의 눈높이에서 바라보고 공감해 주세요. 그러면 도통 일어날 생각을 안 하는 이유가 어제 친구와 싸워 유치원에 가기 싫어서였음을, 밥을 깨작거리는 이유가 좋아하는 반찬이 없어서였음을 알게 됩니다.

이렇게 부모가 공감을 해 주면 아이는 엄마가 자신의 마음을 알아주고 있다는 생각에 충족감을 느끼고 편안한 마음으로 하루를 시작할 수 있습니다.

이는 자연스레 아이와 부모의 관계 역시 좋아지게 만듭니다. 자신의 마음을 알아주고, 인정해 준다고 느끼기 때문에 아이는 부모에게 깊은 신뢰감을 느낍니다. 그리고 엄마가 아이의 정서를 보살펴 주고, 충분한 시간을 들여 이야기를 들어 주고 나면 그제야 아이는 '왜 엄마가 화를 냈을까.' 하고 자연스레 자신을 되돌아본답니다. 자신의 욕구가 해결되었거든요. 이때 아이를 교육시키는 것이 적절합니다. 왜 서둘러야 하는지 이유를 말해 주는 것만으로도 충분합니다. "지금 밥을 먹어야 어린이집에 늦지 않게 갈 수 있어."라고요. 그러면 아이는 딴청 부리지 않고 밥을 먹을 거예요.

현실적으로 아침에 아이의 이야기를 들어 줄 시간이 없다고요? 하지만 이러한 공감보다 지도, 가르침을 우선하면 아이는 '말해도 어차피 알아주지 않아, 아무리 말해 봤자 소용없어.'라고 생각해 버립니다. 다른 이들에게 자신의 마음을 솔직하게 털어놓지 않고 불만을 쌓아가지요. 자연히 반항심이 강해집니다. 물론 지금 당장은 괜찮아 보일지라도, 아침마다 무력감과 좌절감을 겪은 아이들은 자라서 반항심이 매우 강할 확률이 높습니다.

그러니 늑장 부리는 아이에게 먼저 공감을 해 주며 왜 그러는지 물어봐 주세요. 소리치기 전에 "왜 이렇게 일어나지 못할까." "혹시 오늘

밥이 맛없니?" 하고 말이지요.

오늘 유치원에서 네가 좋아하는 텃밭 활동 하는 날이네?

공부 편에서도 이야기했지만, 아이는 순간순간의 즐거움을 추구하는 경향이 강합니다. 재밌어야 더욱 노력해 보려고 하지요. 만약 아이가 오늘따라 유독 이부자리 밖으로 나오지 않는다면 "오늘 어린이집에서 네가 좋아하는 텃밭 활동 하는 날이네? 상추가 얼마나 자랐을까? 궁금하다."와 같이 어린이집(유치원)에 가면 있을 기분 좋은 일들을 상기시켜 주세요. 얼른 이불 속에서 나와 빨리 어린이집에 가고 싶다고 발을 동동거리는 아이의 귀여운 모습을 볼 수도 있답니다. "빨리 와서 밥 먹어야지." 대신 "오늘은 네가 좋아하는 소시지볶음이야. 맛있겠지?" 하고 말한다면 재촉하지 않아도 즐겁게 밥을 먹을 거예요.

혹은 언제까지 해야 하는지 기한을 정해 알려 주는 것도 좋은 방법입니다. "엄마가 씻고 나올 때까지 밥 다 먹고 있어야 해. 알았지?" "저 노래가 끝나면 옷 입고 나갈까?" 하고 말이지요. 이때 아이에게도 의견을 꼭 물어봐 주세요. 존중받고 있다는 느낌을 주거든요. 기한을 정해 주었다면 아이가 스스로 할 수 있도록 옆에서 채근하지 말고 기다려 주세요. 잘 해냈다면 그 과정 자체를 칭찬해 주는 것도 좋은 대화법입니다.

아이가 아직 행동이 미숙하여 엄마의 눈에 매사 동작이 느려 보일 수도 있습니다. 그런 아이에게는 어떻게 해야 하는지 엄마가 행동으로 보여 주세요. 이 모든 것이 익숙해지면, 바빴던 아침도 조금씩 여유로워질 거예요.

습관은 이렇게 가르치자 - 시간 편

- **빨리, 얼른과 같은 부사는 쓰지 말아 주세요**

    밥을 천천히 먹는 아이에게
    - ▶ "빨리 해. 지금이 몇 시인 줄 아니? 얼른 밥 먹어!"
    - ▶▶ "지금 밥을 먹어야 어린이집에 늦지 않게 갈 수 있어."

- **아이의 정서부터 먼저 살펴 주세요**

    옷을 입으려 하지 않고 이야기만 하려 하는 아이에게
    - ▶ "아, 그렇구나. 그 이야기는 나중에 다시 들려주겠니? 지금은 얼른 옷부터 입자."
    - ▶▶ (아이의 이야기에 맞장구를 치며)
      "그렇구나. 우리 옷을 입으면서 이야기해 볼까?"

- **아이가 관심을 가질 만한 사건을 상기시켜 주세요**

    아침에 일어나지 않는 아이에게
    - ▶ "빨리 일어나지 못하니?"
    - ▶▶ "오늘 어린이집에서 텃밭 활동 하는 날이네. 네가 전에 심었던 식물이 얼마나 자랐을까? 궁금하다."

    좀처럼 식탁으로 오지 않는 아이에게
    - ▶ "빨리 먹지 못하니?"
    - ▶▶ "오늘은 네가 좋아하는 햄 반찬이야, 어서 먹어 보련?"

방법을 알면 쉬워진다!

늑장 부리는 아이에게
시간개념을 만들어 주는 법

아침마다 여유 넘치는 자녀 때문에 한두 번 속 터진 게 아니라면, 아이에게 시간개념을 만들어 주는 방법을 함께 권하고 싶습니다. 시간개념과 감정조절능력이 생기는 만 3~5세의 발달 특징을 활용하여 목표를 세우고 실행해 나간다면 아이에게 좋은 습관을 만들어 줄 수 있습니다.

▶ 남은 시간을 눈으로 보여 주자

도화지에 시계를 그립니다. 실제 시계처럼 1에서부터 12까지 숫자도 새겨 넣습니다. 다른 점이라면 특정 시각만을 알려 준다는 것입니다. 가령 7시 15분까지 아이의 아침 식사를 끝내고 싶다면, 7시 15분을 도화지에 표시해 벽에 걸려 있는 진짜 시계 옆에 붙여 두세요. 그 밑에 '그림과 함께 식사 끝내기'라는 문구를 함께 표시해 두면 더욱 좋습니다. 이렇게 하면 진짜 시계가 7시 10분을 가리킬 때 남은 시간이 앞으로 5분이라는 것을 아이에게 인지시켜 줄 수 있습니다. 두 시계의 바늘을 비교함으로써 눈으로 직접 남은 시간의 양을 확인할 수 있는 거죠.

이렇듯 시간을 시각화해서 이해시키는 방법은 아직 시계를 정확히 볼 줄 모르거나 시간 감각이 발달하지 않은 아이들에게 매우 효과적입니다. 아이들은 생활 경험이 적기 때문에 부모가 "5분밖에 안 남았어."라고 말하면 '5분'이 정확히 어느 정도인지, 그 시간 동안 얼마만큼의 일을 할 수 있는지 이해하지 못한답니다. 따라서 이렇게 실제 시계와 그림 시계를 나란히 붙여 놓으면, 남은 시간의 양을 체크할 수 있어 아이 스스로 속도를 조절할 수 있습니다.

▶ 다음 사항을 주의하자

1. 아이가 조금이라도 시간을 의식할 수 있게 된다면 반드시 칭찬해 주세요.
2. 아이가 잘 볼 수 있는 곳에 붙여 둬야 해요.
3. 아직 글자를 잘 모른다면 스티커나 그림을 활용해 보세요.

예를 들어 7시 15분까지 식사를 마치게 하고 싶다면 숫자 '3'의 부분에 아이가 좋아하는 캐릭터 스티커를 붙이거나 그림을 그려 넣어요. 눈에 익숙지 않은 글자를 읽는 것보다 더 빨리 시간의 양을 파악할 수 있답니다.

03
습관 - '이유'를 알려 주면 스스로 할 수 있게 된다

아이가 만 3세 이상이 되면 부모는 습관교육을 본격적으로 시작합니다. 밖에 나갔다 오면 손 씻기부터 시작하여 음식을 골고루 먹는 습관, 바른 인사 습관 등을 아이가 가지길 바라요. 여기에 사회에서 요구하는 기본 규칙까지 더하면 아이가 배워야 할 습관은 너무 많습니다.

아이에게 이 모든 것들을 가르치는 일은 엄청난 인내와 노력이 필요합니다. 하지만 부모는 당장 아이가 익히길 바라지요. 공부는 나중에 시작해도 괜찮지만, 이러한 습관들은 지금 당장 아이에게 요구되는 것이라고 생각하기 때문입니다. 많은 아이들이 같이 생활하는 어린이집에서 위생관념은 꼭 필요한 것처럼 말입니다.

하지만 아이들 눈에 엄마들은 점점 소리 지르는 괴물처럼 느껴집니다. 왜 해야 하는지 이해할 수 없는 것들만 자신에게 하라고 강요하기 때문입니다.

맨날, 늘, 항상이란 말 대신 요즘, 오늘, 지금

가르친다고 해서 바로 아이의 행동이 개선된다면, 아이가 아니지 않을까요? 이를 알고는 있지만 엄마들은 하루에도 몇 번씩 열이 머리끝까지 올라오는 걸 경험합니다. 그래서 "갖고 논 장난감은 제자리에 갖다 놓으라고 했지?" 또는 "왜 항상 알림장을 미리 안 보여 줘서 매번 아침마다 엄마를 힘들게 만드니?"라며 강하게 말하지요. 이 말을 들은 아이는 '장난감을 정리해야지, 알림장은 바로 보여 줘야지.' 하고 반성하기보다 '내가 맨날, 항상 그런가?' 라는 생각을 합니다. '맨날, 늘, 항상'과 같은 지속성을 띤 부사들은 부정적인 말과 결합하면 상대에게 단정 짓는 느낌을 선사합니다. 그러다 보니 아이들은 "어제는 안 그랬잖아요." "아까는 했어요."와 같은 답변을 하기 일쑤죠. 그러면 엄마는 아이의 대답을 말대꾸라고 생각하고 "네가 언제 그랬어? 그제도 엄마가 치웠잖아!" 하는 식으로 오히려 더 화를 냅니다. 청소 규칙을 알려 주고자 했던 원래 의도와 상관없이 아이와 실랑이를 벌이고 마는 거죠.

따라서 이런 말보다는 '요즘, 오늘, 지금'처럼 일시적인 순간을 뜻하는 부사로 바꿔 말하길 바랍니다. "맨날 어지럽히는구나."에서 "요즘 들어 어지럽히는 것 같아." 이런 식으로 말이죠. 엄마들은 무심코 "엄마는~"을 주어로 하여 자신의 부정적인 감정을 표현하거나 "너는 늘~

한다."는 식의 평가하는 말을 합니다. 이는 아이에게 거부감과 반발심을 일으킬 뿐이에요.

왜 하기 싫은지 말해 줄래?

한번 아이들 입장에서 생각해 볼까요? 간혹 아이들은 특정한 일을 유독 싫어할 때가 있습니다. 그럴 때 강압적으로 시켜서는 오히려 부작용이 생길 수 있어요. 예를 들어 씻기 싫어하는 아이들 중에는 물에 대한 공포심이 심한 경우가 있어요. 갑작스럽게 나온 뜨거운 물에 피부가 데었다거나 거품이 눈으로 들어가 쓰라렸던 경험이 있어 '씻기'에 관한 부정적인 인식이 쌓인 것이죠. 양치도 비슷합니다. 딱딱한 칫솔이 잇몸을 잘못 건드려 상처가 났던 경험, 양치질로 생기는 거품에 익숙하지 않아서 숨을 제대로 쉬지 못할 것 같았던 경험 등이 쌓여 아이들은 양치를 싫어할 수도 있답니다.

이렇게 부정적인 인식이 남아 있는 상태에서 엄마가 윽박지르거나 강압적으로 "해!!"라고 소리친다면 아이는 과연 그 일을 즐겁게 습관으로 만들 수 있을까요? 아이가 싫어하는 원인이 무엇인지 알기 위해 노력해 보세요. 그러면 아이는 솔직하게 그 이유를 말해 줄 거예요. 이때 "○○가 전에 거품이 들어갈 때 힘들었었구나, 칫솔 때문에 상처가 났던 적이 있었구나."라고 공감해 준다면 아이들은 부정적인 기억을 물리치고 다시 한 번 도전할 용기가 샘솟을 겁니다. 이처럼 어떤 문제를 해결하기 위해선 원인부터 풀어야 합니다. 아이가 왜 하지 않으려는지 그 이유(아이의 감정)부터 들여다보아야 합니다.

엄마가 하라고 하면 그냥 해

전업맘도 직장맘도 너무 바쁩니다. 일일이 아이에게 설명을 해 줄 시간과 여력이 안 될 때가 많습니다. 그러다 보니 아이에게 무엇을 해야 하는지 지시형으로 말하게 됩니다. 왜 그 행동을 해야 하는지, 하면 아이에게 어떤 이점이 있는지 아무런 설명도 해 주지 않죠. 만 3세는 세상의 규칙들을 처음으로 배우는 나이입니다. 그들은 한꺼번에 여러 규칙을 이해할 수 없습니다. 그러니 설명하는 시간을 충분히 가져 주세요. 아이가 그 규칙을 이행토록 만들기 위해선 왜 따라야 하는 것인지, 어떻게 해야 잘 지킬 수 있는지 설명해 주어야 합니다. 그래야 시켜서 하는 것이 아니라 스스로 납득하여 행동하게 됩니다.

이유를 말한 후엔 구체적인 행동 지침도 함께 알려 주어야 합니다. "갖고 논 장난감을 치우지 않으면 누군가 지나다니다 밟아서 다칠 수도 있어. 다 놀고 나면 이 상자 안에 넣으렴." 이런 식으로 말이죠. 이때 아이가 잘 몰라 한다면, 먼저 시범을 보여 주세요.

이때 적절한 보상은 습관을 강화시키는 데 매우 도움이 됩니다. 예를 들어 샤워를 한 아이에게 "깨끗이 씻고 나니 더 예뻐졌네!"라고 말하는 등의 심리적 보상은 아이에게 긍정적인 동기가 됩니다. 칭찬을 받고 싶어 다시 그러한 행동을 할 가능성이 높아지는 거죠. 그러나 장난감을 사 주는 식의 물질적 보상은 주의해야 합니다. 특히 외출 후 손을 씻거나 양치를 하는 등 위생과 관련된 습관들에도 물질적 보상이 과도하게 동반될 경우 부정적인 결과를 낳을 수 있으니 주의해야 합니다.

엄마랑 약속했잖아

아이를 가르칠 때는 일관성이 중요하다고 말합니다. 물론 맞습니다. 하지만 경우에 따라 부모는 융통성을 발휘할 수 있어야 합니다. 예를 들어 어린 아이들은 스스로 약속한 일일지라도 항상 지킬 수 없습니다. 그래서 엄마들은 "엄마랑 약속했지?" 하며 엄하게 대하기보다 열린 마음을 가질 수 있어야 합니다. 아이의 몸 상태가 안 좋아 보이거나 부모가 보기에도 약속을 지키기 어려운 상황이라면 넘어가 주는 것이 더욱 현명합니다. 그러면 아이는 부모를 더 신뢰하게 되고 유연한 사고를 기를 수 있기까지 합니다.

지금까지 아이에게 습관을 가르칠 때 필요한 바른 자세와 대화법에 대해 이야기해 왔습니다. 이 모든 것들이 헷갈리고 어렵다면, '칭찬과 공감' 이 두 가지만 기억해도 충분합니다. 평소 아이의 이야기에 귀를 기울여 준다면, 시키려는 부모와 하기 싫다고 도망가려는 아이 사이의 전쟁은 일어나지 않습니다. 왜 하기 싫은 것인지 아이로부터 이야기를 들을 수 있기 때문입니다. 어린이집 선생님에게 혼이 나서 가기 싫어진 거라거나, 샴푸가 눈에 들어간 적이 있어서 머리 감기 싫어진 거라는 사실 등을 알게 되는 거지요. 이유를 알고 나면 해결은 쉬워집니다. 충분히 아이의 마음에 공감을 해 준 뒤 이를 해결해 줄 수 있는 방법들을 모색해 주는 거죠. 그 결과 아이의 행동이 개선되었다면 충분히 칭찬해 주세요. 부모가 '칭찬과 공감'만 기억한다면 아이는 다음의 성장으로 나아가는 한 걸음, 한 걸음을 스스로 내딛게 될 것입니다.

습관은 이렇게 가르치자 – 자기주도 편

- **맨날, 늘, 항상이란 말 대신 요즘, 오늘, 지금이란 부사를 써 주세요**
  방 안을 어지럽힌 아이에게
  ▸ "맨날 어지럽히는구나."
  ▸▸ **"오늘따라 방 안이 어지럽구나."**

- **아이 입장에서 생각해 주세요**
  양치하기 싫어하는 아이에게
  ▸ "엄마가 밥 먹고 나서는 양치해야 한다고 했었지? 당장 해!"
  ▸▸ (왜 하기 싫은지 이유를 충분히 들은 후)
  "아, 전에 칫솔이 이빨에 부딪혀서 아팠던 적이 있구나."

- **그 규칙을 지켜야 하는 이유와 함께 구체적인 지침까지 알려 주면 더욱 좋습니다**
  장난감을 치우지 않는 아이에게
  ▸ "엄마가 놀고 나서는 장난감 치워야 하는 거라고 말했었지!"
  ▸▸ **"갖고 논 장난감을 치우지 않으면 지나다니다 발을 밟아 다칠 수도 있어. 다 놀고 나면 이 상자 안에 넣으렴."**

- **아이가 규칙을 지켰다면, 따스한 칭찬 한마디를 건네 주세요**

  스스로 씻고 나온 아이에게
  - ▶ "거 봐, 엄마가 하라는 대로 하니까 개운하지?"
  - ▶▶ **"깨끗이 씻고 나니 더 이쁘네."**

- **규칙을 지키는 일에 융통성을 발휘해 주세요**

  학습지 풀기 싫어하는 아이에게
  - ▶ (언제나) "엄마랑 약속했지?"
  - ▶▶ (하기 싫은 이유를 들어 본 후)
    "○○이가 많이 힘들었겠구나, 그럼 오늘 하루만 좀 쉴까?"

방법을 알면 쉬워진다!

하루 습관을 자기 주도적으로 기르는 법

그날 아이가 해야 할 일들을 화이트보드에 적어 눈에 잘 보이는 곳에 놓아두세요.

▶ **화이트보드를 이용하자**

· 손 씻기, 양치질하기
· 알림장 꺼내기
· 숙제 준비하기
· 책 읽기

이는 공부 편에서 이야기했던 시각화하기랑 비슷합니다. 아이에게 해야 할 일들을 상기시켜 줄 뿐만 아니라 하루 동안 무슨 일을 해야 하는지 파악할 수 있도록 도와주는 방법입니다.

다시 말하지만, 아이들은 어떤 일이든 '시작'을 가장 어려워합니다. 하지만 생각보다 오늘 할 일이 간단하고 적다는 걸 알게 된다면, 그 시작에 대한 부담을 덜 수 있습니다.

또한 아이가 수행한 항목 위에 자신이 좋아하는 캐릭터 자석 등을 붙여 주세요. 성취감이 더욱 높아져 그 일을 반복해서 할 가능성이 높아집니다.

요즘 아이들은 정신없이 바쁩니다. 하루 안에 마쳐야 할 과제도 많죠. 그래서 자신의 의무를 알고 있다가도 막상 해야 할 때가 되면 잊어버리는 경우가 많습니다. 따라서 일과를 적어 놓은 화이트보드를 아이 눈에 잘 띄는 곳에 놓아 주세요. 아이의 방문 혹은 현관문에 엄마의 눈높이가 아니라 아이가 잘 볼 수 있는 높이로 걸어 보세요. 그러면 아이가 행동으로 옮길 가능성이 한 뼘 더 높아질 겁니다.

화이트보드가 없어도 똑같이 할 수 있답니다. 필요한 항목을 두꺼운 종이 카드에 적어 눈에 잘 보이는 곳에 세워 두거나 자석으로 냉장고에 붙여 보세요. 나름의 방법으로 끝낸 일을 하나씩 지우거나 그 위에 스티커를 붙여 주면 아이는 성취감까지 느낄 수 있답니다.

▶ 나만의 방법을 만들자

아이가 정리정돈을 잘하지 못한다면 엄마와 같이 방 안을 정리하는 놀이 시간을 만들어 보는 건 어떨까요? 수납용품에 이름을 표시하고, 수납 상자를 만드는 등 아이가 쉽게 할 수 있는 방법을 생각해 봅시다. 물건을 자주 잃어버리는 경우엔 불필요한 것들을 정리해 볼 수 있는 시간을 마련해 주거나 소지품 공간을 따로 만들어 주세요. 엄마가 아이의 소지품 사진을 미리 찍어 둔다면 없어진 물건이 무엇인지 쉽게 파악할 수 있겠죠? 자녀의 하루 일정표를 확인하는 것도 도움이 될 수 있답니다. 아이에게 무작정 "어디서 잃어버렸어?"라고 물어보지 않고 아이가 자신의 일정표를 보면서 어디서 물건을 잃어버렸는지 스스로 생각할 수 있는 시간이 될 테니까요.

아이가 규칙을 직접 만들도록 권유해 보는 건 어떨까요? 자율성이 발달하는 이 시기의 아이들은 자신이 만든 규칙이 있다는 것을 자랑스러워하며 잘 지켜 냅니다. 마치 놀이처럼 즐겁게 받아들이죠.

어떤 일이든 먼저 야단치지 말고 방법을 강구해 보세요. 그리고 조금이라도 성과가 보이면 반드시 칭찬해 주고요. 아무리 좋은 방법이라도 부모가 칭찬하지 않으면 아이는 지속적으로 노력할 수가 없습니다. "대단하네. 정말 열심히 하는구나." "혼자서도 잘하네."가 아이를 키우는 결정적인 말임을 잊지 마세요.

04
자존감 – 부모의 평가로
자신을 판단하고 행동을 결정한다

지금까지 수많은 고민들을 상담해 오면서 감사하게도 많은 편지를 받았답니다. 그중 하나의 편지를 소개할까 해요.

선생님께

안녕하세요, 얼마 전 선생님의 강연회에 참석했었던 사람입니다. 감사하다는 말씀을 드리려고 이렇게 편지를 썼어요. 선생님의 강연을 듣고 온 바로 그날 밤, 제 아들 히로시가 식탁에 흘린 차를 옷소매로 닦고 있는 걸 보았지요. 예전 같았으면 더럽다고 혼을 내며 휴지나 행주로 닦으라고 지적했겠지만, 이번엔 그러지 않았어요. "엄마를 대신해 식탁을 깨끗하게 닦아 줘서 고마워."라고 고마움을 전했어요.

그러자 히로시는 바로 옆에 있던 행주로 자신이 먹은 자리를 닦기 시작했어요. "대단하구나, 더 깨끗해졌네. 고마워."라고 칭찬했더니 이번에는 아이가 식탁 전체를 닦기 시작하는 거예요. 저는 "고마워, 고마워, 정말로 큰 도움이 됐어."라고 하며 아들의 머리를 쓰다듬어 주었어요. 그 이후로 히로시는 식사 때마다 식탁 전체를 반짝반짝 윤이 나게 닦고 있답니다.

아마 선생님이 아니었다면 지금까지도 저는 경험하지 못했을 거예요. 이런 기적 같은 일을요.

선생님, 정말 감사드립니다.

편지를 받고 오히려 저는 히로시의 엄마에게 감사하다고 말하고 싶었습니다. 알아도 실천으로 옮기기란 대단히 힘든 일이니까요. 누군가의 엄마로서 스스로도 성장한 모습을 보여 정말 고마웠답니다. 편지에선 제 덕분이라고 쓰여 있지만, 히로시는 자신의 엄마 덕분에 변한 것이랍니다. '말'로 아이를 교육시킨 효과예요. 그런데 히로시를 이렇게 변화시킨 말의 비결은 무엇일까요? 바로 '공감과 칭찬'입니다.

히로시의 엄마는 아이가 식탁을 옷소매로 닦는 걸 보고 더럽다고 혼부터 내는 것이 아니라 '이 아이가 왜 이런 행동을 하는 것일까.' 하고 마음을 살피기 위해 노력했어요. 히로시는 아마 자신이 흘렸으니 스스로 닦고 싶었을 거예요. 그런 마음까지 헤아릴 수 있었는지는 모르겠지만, 옷이 더러워졌다는 사실보다 아이가 닦아 주려 했다는 의도를 우선하고 칭찬한 결과 히로시가 변할 수 있었던 거랍니다. 조금 더 마음을 깊이 들여다보았을 뿐인데 아이의 행동을 바꾼 거죠.

사실 앞에서도 말했지만, 아이교육에서 칭찬과 공감만큼 효과적인 방법은 없습니다. 그런데 칭찬과 공감은 이렇게 행동만 변화시키지 않습니다. 다음과 같은 장점들도 있죠.

첫째, 자존감을 높여, 긍정적인 자아를 형성할 수 있도록 한다

"안 돼!" "하지 마!" 하고 아이의 행동을 제어하기보다 칭찬과 공감으로 독려해 주세요. 충분한 정서적 지지를 받은 아이는 거침없이 새로운 일에 부딪쳐 나갈 거예요. 이렇게 쌓인 성취감들은 아이의 자립심과 자존감을 높여 줍니다. '나는 무엇이든 할 수 있어!'라는 생각을 가지게 되는 거죠.

반대로 부모로부터 행동을 제어당하고 혼이 난 아이들은 자연스레 '나는 안 돼!' '할 수 없어!'라는 생각을 가지게 됩니다. 스스로 그럴 만한 능력이 없는 존재라고 인식해 버리는 거죠. 그리고 새로운 도전을 할 기회가 생겨도 수동적인 자세를 취하고 충분히 할 수 있는 일인데도 누군가가 해 주길 바라는 의존심이 강해집니다. 심한 경우 스스로 부정적인 자아를 형성할 수도 있습니다.

둘째, 집중력, 끈기, 목표 의식을 몸으로 익힐 수 있다

아이가 좋아하는 것에 열중할 수 있도록 독려해야 합니다. 아이가 자신이 즐거워하는 일을 생활화한다면 집중력, 끈기, 노력, 근성, 의지, 목표 의식 등을 몸으로 익힐 수 있답니다.

일반적으로 집중력이나 끈기, 근성과 같은 능력은 싫어하는 것을 견뎌 낼 때 비로소 갖게 된다고 생각하기 쉬워요. 물론 그럴 수도 있지만, 너무나도 그 과정이 고통스럽지 않을까요? 이러한 능력들은 좋아하는 일을 해야 쉽고 자연스럽게 몸으로 익힐 수 있습니다.

무언가에 열중하면 사고력, 판단력, 기억력까지도 성장하지요. 결정적으로 실천력이 향상합니다. 좋아하는 것에 열중해 보는 경험을 통해 집중하는 즐거움을 알게 되고 이와 더불어 하고 싶은 것을 스스로 발견하여 실천하는 힘이 생기는 거죠.

이왕이면 아이가 도움이 될 만한 분야에 관심을 가졌으면 하는 것이 부모의 마음입니다. 진로로도 발전시킬 수 있으니까요. 사실 좋아하는 것에 집중하는 경험은 진로와는 사실 무관합니다. 아이의 관심이 일시적일 수 있기 때문이죠. 물론 어릴 때부터 가졌던 관심이 진로로 발전한다면 더욱 좋겠지만, 지금은 그를 통해 집중해 보는 경험을 쌓을 수 있는 것만으로도 충분합니다. 몸이 기억했다가 나중에 꼭 필요한 순간에 그 힘을 되살리거든요. 후에 새로운 일에 도전할 자신감을 불어넣어 주고, 사고력, 판단력 등에 전반적으로 영향을 끼칩니다.

부모가 보기에는 쓸모없어 보이는 일일지라도, 무언가에 집중하여 실천해 본 경험은 후에 본격적으로 공부를 하거나 무슨 일을 할 때 혹은 다른 재능을 만들어 나가는 데 기여할 수 있습니다. 아이가 눈길을 돌릴 때마다 부모가 "왜 매번 진득하게 못 하니?"라고 채근하지 않고 계속 독려해야 아이가 진정 하고 싶은 일이 생겼을 때 큰 도움이 될 실천력이 생긴답니다.

이 실천력은 테스트로 가늠하여 수치화할 수 없습니다. 눈에 보이지도 않습니다. 그러나 엄마가 수치로 가늠할 수 있는 것에만 얽매이다 보면 나중에 후회할 일이 생길 수도 있답니다. 부모는 아이에게 무엇이 소중한지를 꿰뚫어 보는 눈을 가져야 합니다. 부모로서 무엇을 해 주어야 할지 고민하기 이전에요. 결과적으로 칭찬과 공감은 아이에게 실천력과 집중력, 끈기 등을 키우도록 도와줍니다. 아무리 좋아하는 일이더라도 누군가의 정서적 지지가 없다면 아이는 금세 흥미를 잃어버릴 수 있어요. 그러니 칭찬과 공감의 중요성을 잊지 마세요.

셋째, 타인과의 관계, 사회성이 높아진다

사람은 누구나 칭찬해 주는 상대에게 좋은 감정을 가지기 마련입니다. 그 상대가 부모라면 더욱 그러하지요. 부모의 칭찬은 다른 어떤 존재의 칭찬보다 아이에게 절대적입니다. 아이들은 항상 부모에게 인정과 칭찬을 받고 싶어 합니다.

아이는 속상하면 자신의 마음을 누군가가 알아주길 원합니다. 이럴 때 부모가 오히려 "울지 마! 뚝!" "별것도 아닌 일로 울지 마!"와 같이 혼을 내면 마음 둘 곳이 없어진 아이는 상처를 받습니다.

제가 가르쳤던 학생들 중 친구들에게 시도 때도 없이 시비를 걸며 자주 싸움을 하던 아이가 있었습니다. 그 아이의 엄마를 상담해 보니 이유를 알 수 있겠더군요. 그녀는 저와 만나자마자 마치 당연한 사실을 확인한다는 듯이 "제 아이가 문제가 많지요?"라며 오히려 미안해 했습니다. 부모로부터 '지속적으로 이런 말을 들어왔겠구나.' 생각하니 마음이 짠해지기까지 하더군요. 이 아이는 부모가 자신을 문제아로 대해서, 정말로 그렇게 되어 버린 것이었습니다.

'부모가 나를 칭찬해 주고 알아준다, 인정해 주고 있다.'는 아이의 인식은 부모에 대한 신뢰감과도 직결됩니다. 아이에게 더 많이 공감해 주고 칭찬해 줄수록 건강한 관계를 형성할 수 있는 거죠. 자신을 인정해 주고 아껴 주는 부모에게 반항하는 아이는 없습니다. 그리고 그 신뢰감은 아이가 자라면서 만들어 나갈 수많은 인간관계에 밑바탕이 되어 줍니다.

거짓된 칭찬일지라도 아이에게 건네야 하는 이유

그러니 아이에게 무언가 가르치고 싶은 것이 있다면, 칭찬을 들려주세요. 이렇게 말하면 많은 부모들이 "도대체 무엇을 칭찬해 줘야 하는 건가요?" 하며 되묻습니다. 우리는 보통 큰일을 훌륭하게 해냈을 때에만 칭찬해 줘야 한다고 생각합니다. 하지만 그 반대랍니다. 아주 작은 것도 칭찬해 주세요. 자세히 살펴보면 신기하게도 칭찬할 거리가 넘쳐날 거예요.

형제자매간에 사이좋은 모습을 보면 부모는 절로 흐뭇해집니다. 언제까지나 첫째가 둘째를 잘 챙기고, 둘째는 첫째를 잘 따르기를 바라죠. 그러다 보니 그들이 싸웠을 때 더 엄하게 혼을 냅니다. "넌 언니가 되어서 양보 좀 해 주지! 그렇게 꼭 동생과 싸워야겠어?" 하고 말이죠. 이런 말하기 방식은 아이에게 "너는 나쁜 언니(형)야."라고 말하는 것과 같습니다. 당연히 아이는 좋은 자기 이미지를 가질 수 없지요.

우애 좋은 형제자매로 키우고 싶다면, 아이가 형제에게 한 작은 행동도 칭찬해 주세요. 예를 들어 자신의 몫을 일찌감치 다 먹고 다른 사람의 것을 탐내는 동생에게 언니가 음식을 나눠 줬다면, "동생을 위해 먹을 것을 나눠 주다니 참 착하구나. 고마워."라고 칭찬의 말을 건네는 거죠. 칭찬을 하기 위해서는 아이의 작은 행동도 살펴보는 세심한 주의력을 가지고 있어야 합니다. 그래야 소소한 행동도 놓치지 않고 격려해 줄 수 있어요.

비록 잘한 일이 없더라도 우선 칭찬해 보세요. 갑작스럽게 "잘했어." "고마워."라는 말을 들은 아이는 의아해할 겁니다. 그 말을 부정할 수도 있어요. 하지만 기분만은 왠지 모르게 좋을 거예요. 그리고 어느새 '아, 나는 그런 좋은 사람인가 보다.' 하고 생각할 수도 있습니다.

대부분의 부모들은 아이가 '잘했을 때' 칭찬해야 한다고 생각합니다. 그래서는 아이에게 건네는 칭찬 횟수가 늘어날 수 없습니다. 아이는 어려서 많은 것이 처음이고 서투르기 때문입니다. 그러니 칭찬에 너그러워질 필요가 있습니다.

잘못된 칭찬용어가 문제다

보통 칭찬과 공감의 중요성을 얘기하면 많은 이들이 이런 질문을 던집니다. "칭찬이 지나치면 폐해가 생기지 않을까요?" 저는 칭찬이 넘쳐서 생기는 부작용은 없다고 생각합니다. 문제는 잘못된 칭찬에서 오는 악영향이죠.

항상처럼 지속적인 뜻을 가진 용어를 사용하지 않도록 한다

가령 "항상 100점을 맞다니 훌륭하네."라고 말하는 방식은 아이에게 필요 이상의 압박을 주는 잘못된 칭찬 방법입니다. '항상'이라는 말을 들으면 아이는 다음에 70점을 받은 시험지를 보여 주길 꺼립니다. '항상 100점을 맞는 아이'라는 말투는 듣는 이에게 마치 '항상 그래야 한다.'라는 느낌을 전달합니다. 즉 '이런 아이라면 기쁘다.'는 의미를 내포하고 있는 것이지요. 반대로 말하면 '이런 아이가 아니면 기쁘지 않다.'는 표현이기도 합니다. 때문에 아이는 만점을 받지 않으면 엄마가 기뻐하지 않을 거라고 생각합니다. 조건부 칭찬을 받아 온 아이는 부모의 애정 역시 조건부라고 느끼게 됩니다. 부모가 바라는 자격을 충족시켜야만 사랑을 받을 수 있다고 말이지요. 이는 대단히 그릇된 칭찬입니다.

대신에 "이야, 100점 맞았구나. 대단하네." "좋은 점수를 받으니 기분이 어떠니? 엄마는 매우 기뻐."라고 단순하게 기쁨을 공유하거나 "열심히 공부하더니 기특하네."처럼 노력 자체를 칭찬해 주는 말을 하세요. 이는 아무리 많이 해 주어도 지나치지 않답니다.

"우리 아들은 엄마 말도 잘 듣는 착한 아이지?" 하고 입버릇처럼 말하는 엄마를 본 적이 있습니다. 그러면 아이는 "싫다."는 말을 할 수 없어요. 엄마가 기대하는 아들이 되지 않으면 자신을 미워할 거 같거든요. 이런 칭찬은 아이의 행동을 통제하는 결과를 낳습니다. 그럴 의도는 없었을지라도 부모의 바람을 담은 칭찬은 아이에게 무언의 압력을 준답니다.

얌전히 있으면 엄마가 ○○ 사 줄게

물질적 보상을 약속하는 칭찬 역시 조심해야 합니다. 이것을 반복할 경우, 아이는 선물을 받기 위해서만 행동할 수 있습니다. 올바른 성장이라고는 말할 수 없지요. 그러니 가급적 물질적 보상으로 아이를 회유하려고 해서는 안 됩니다. 매우 특별한 날이었거나 크게 축하받을 정도의 일이 아니라면 '말'을 통한 심리적 보상만으로도 충분하답니다. 진심이 담긴 칭찬은 물질적 보상 못지않은 만족감을 줍니다.

어릴 때부터 칭찬과 공감의 말을 듣고 끊임없이 격려받으며 자란 아이들은 실패하고 좌절하는 순간에 '괜찮아. 나는 할 수 있어.'라는 강한 자존감으로 다시 일어설 수 있습니다. 반대로 부정적인 평가를 받으며 자란 아이는 '나는 역시 안 돼.'라 믿고 열심히 노력하지 않게 되죠.

꼭 기억하세요. 이 시기 아이들은 부모와의 대화를 통해 배워 나갑니다. 하루 습관, 사회 규칙, 공부와 같은 외적 영역뿐만 아니라 자신을 규정하는 내적 영역도 부모의 절대적인 영향을 받습니다. 특히 아이의 자존감은 부모의 평가와 직결합니다. 부모와 아이 간의 신뢰감까지도 좌우하지요.

예를 들어 저조한 점수를 받은 아이에게 "시험 공부도 하지 않고 놀더니, 그럴 줄 알았다." "점수가 이게 뭐니? 창피하지도 않니?"와 같이 결과를 평가하고 아이의 노력 자체를 폄하해 버리는 부모가 있습니다. 이런 말을 들은 아이는 낮은 점수를 받은 시험지를 보여 주기가 점점 꺼려집니다. "오늘 체육 시간에 달리기 꼴찌해서 속상했어요." "물건을 잃어버려서 곤란했어요." "선생님에게 혼났어요." "친구랑 싸웠어요." 과 같은 가슴속 말들조차 털어놓지 않게 되죠. 안 좋은 소리를 듣게 될 게 뻔하니까요. 이는 아이가 진정 어른의 도움이 필요할 때도 손을 내밀지 않는 결과를 낳을 수도 있습니다.

이렇게 아이의 자존감을 높이자

- **혼낼 일도 생각을 달리 해 주세요**

    옷소매로 흘린 물을 닦고 있는 아이에게

    ▶ "그러면 옷이 더러워지잖니! 휴지로 닦아야지."
    ▶▶ **"엄마를 위해 닦아 준거야? 고마워."**

- **항상처럼 지속적인 뜻을 가진 용어를 사용하지 말아 주세요**

    100점을 맞은 아이의 시험지를 보고

    ▶ "항상 100점을 맞다니 훌륭하네."
    ▶▶ **"이야, 100점을 맞았구나. 대단하네." "열심히 공부하더니 기특하네."**

- **물리적 보상을 약속하는 칭찬은 되도록 하지 말아 주세요**

    마트에 가기 전 아이에게 약속을 하며

    ▶ "마트에 가서 얌전히 있으면 엄마가 장난감 사 줄게."
    ▶▶ **"마트에 가서 조용히 있어 준다면, 엄마가 정말 기쁠 거야."**

방법을 알면 쉬워진다!

칭찬을 습관화하는 방법

부모가 아이를 평가하는 말이 자녀의 자존감을 좌우한다고 이야기해 왔습니다. 그렇다면 어떻게 해야 아이의 자존감을 높여 줄 수 있을까요? 앞서도 말했지만, 이 시기 아이들에게 칭찬만큼 좋은 방법은 없습니다. 최적의 교육 수단이기도 하지요. 공부든, 습관이든, 예의범절이든 가르치고 싶은 것이 있다면 칭찬해 보세요. 그러면 놀라운 변화가 일어난답니다. 칭찬의 부작용은 걱정하지 마세요. 만 3~5세 아이들은 칭찬을 먹고 자란다고 해도 과언이 아닙니다.

▶ **칭찬 시간을 정하자**

아이가 자라면서 교육을 시작하게 되면 부모들은 하나같이 칭찬에 인색해집니다. 기대와 욕심이 커지기 때문이지요. 따라서 일부러라도 칭찬을 해 주기 위해 노력해야 합니다. 그러나 집안일, 직장일로 지치다 보면 마음속으로 정한 사소한 규칙도 까먹기 마련입니다. 하지만 매일 규칙적으로 칭찬하는 말을 들려주는 건 아이에게 매우 중요한 일이랍니다. 부모는 칭찬을 습관화해야 하죠.

이를 위한 방법으로 칭찬 시간을 정해 보는 건 어떨까요? 예를 들어 '8시에 칭찬하기'로 정했다면 8시에 휴대전화 알람이 울리도록 설정해 보세요. 그 시간이 되면 사소한 것일지라도 아이를 칭찬해 주는 겁니다.

시간은 아무 때나 상관없습니다. 아침 식사 때든 저녁 식사 때든, 잠자기 전이든 편한 시간을 선택해서 칭찬하세요. 아이가 잠자리에 들기 전 "잘 자."라고 말할 때 칭찬을 하는 식으로 아이의 일과에 맞춰 보면 칭찬할 거리를 더욱 잘 찾을 수도 있습니다.

까먹지 않도록 달력이나 수첩 등에 동그라미 표시를 하는 것도 좋은 방법입니다. 일기나 가계부를 쓰고 있다면 그날 무슨 칭찬을 하였는지도 함께 써 보세요. 아이의 성장을 글로 기록할 수 있어, 칭찬 교육에 더욱 힘이 될 거예요.

▶ **하루에 한 번, 꼭 칭찬을 하자**

하루에 한 번 꼭 칭찬을 해 보세요. 매일 아이에게 칭찬을 한다는 것은 쉬운 일이 아닙니다. 까먹지 않도록 집 안 곳곳에 부모만이 알 수 있는 표시를 해 두는 건 어떨까요? 아침마다 보는 화장대 거울 위라거나,

설거지할 때마다 보게 되는 부엌 개수대 위 선반에 칭찬 규칙을 기억할 수 있도록 표시를 해 보세요. 표식을 볼 때마다 칭찬을 해야 한다는 것을 떠올리게 되고 한 번이라도 더 애정 어린 눈길로 아이를 보게 될 겁니다. 이를 위해 주로 활동하는 거실이나 식탁 위 등에 표시를 해도 좋겠지요. 표식의 위치를 바꿔 보는 것도 좋습니다. 칭찬 습관이 익숙해지다 보면 느슨해지기 쉬운데 이를 통해 머릿속에서 환기될 것입니다.

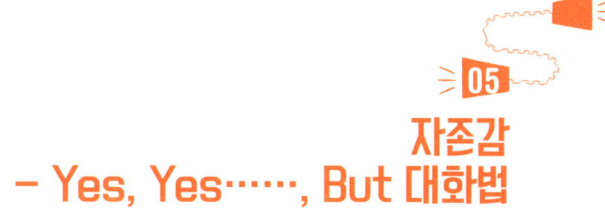

05 자존감
– Yes, Yes……, But 대화법

예 1〉

"그래." "정말 그랬구나." "맞아, 맞아." "확실히 네 말이 맞구나." "괜찮아."
"힘들었겠구나." "곤란했겠구나." "싫었겠네." "그건 정말 화가 났겠구나."

예 2〉

"그렇지만" "하지만" "무슨 소리야!" "그런 말 해 봤자 소용없어." "안 돼, 안 된다니까." "당연히 안 되지."

위의 두 예시 중에 평소 무슨 말을 많이 사용하나요? 아이의 자존감을 높이기 위해서는 충분히 공감을 해 줘야 합니다. 아이가 떼를 쓸 때 무작정 안 된다고 말하지 말고 먼저 아이의 마음을 달래는 시도부터 해 보세요. 아이가 싫어하는 이유를 충분히 들어 준다면 아이도 엄마의 마음을 이해하려 노력할 수 있습니다. 저는 이러한 방법을 'Yes, Yes……, But 대화법'이라 이름을 붙였습니다. 아이의 부탁을 두어 번 정도 공감해 주고 난 후, 안 되는 이유를 구체적으로 설명하는 거죠.

아이가 장난감을 사 달라고 조르는 경우를 생각해 볼까요? 마트에서 마구 떼를 쓰는 아이에겐 바로 "안 돼, 안 된다니까, 당연히 안 된다는 거 알고 있잖아."라는 말이 먼저 나갑니다. 아이를 얼른 단념시켜야 한다는 조바심이 들기 때문입니다. 항상 아이의 부탁을 들어줄 수는 없습니다. 장난감이 한두 푼도 아니고, '돈'이라는 현실적인 문제도 있으니까요. 이때 무작정 아이의 의견을 무시하고 강요하지 마세요. 우선은 아이의 기분에 공감을 해 주세요. "아, 이번에 새로 나온 ○○모델이구나, 예쁘네."라고요. 아이가 그걸 사고 싶어 하는 이유를 공감한 다음에 "그렇지만 이건 못 사." "사고 싶어도 참아야 해." 라고 말해 보는 겁니다. 물론 공감해 준다고 해서 아이가 바로 순응하면 아이가 아니겠지요? 분명 실랑이를 더 하게 될 거예요. 하지만 결국 자신의 의견이 받아들여지지 않았을지라도 부모가 자신의 마음을 충분히 헤아려 준 아이와 그렇지 않은 아이는 당연히 다르답니다.

나중에 아이가 좀 더 커서 학원 가기 싫다는 말을 꺼낼 때에도 마찬가지입니다. 부모는 어떻게든 계속해서 다니게 하고 싶은 마음에 다음과 같이 말해 버리는 경우가 많습니다. "언제는 배우고 싶다며?" "무슨 소리야! 애써 지금까지 잘해 왔잖니." "다른 친구들도 노력하고 있으니까 너도 열심히 해야지." 부모가 이렇게 대응하면 아이는 마음 둘 곳이 없어집니다. 아이에겐 정말 학원을 가기 싫은 이유가 있는데 아무도 거기에는 관심을 가져 주지 않으니까요.

왜 가기 싫은지 물어보세요. 그리고 공감해 주세요. 겁이 많고 불안한 아이는 운동이 싫을 수도 있습니다. 친구들이 배우니까 혹은 단순히 재미있어 보여 시켜 달라고 한 거였는데, 막상 해 보니 몸이 힘들어서 적성에 안 맞을 수도 있지요. 아이의 소리에 귀를 기울여 주고, 그래도 완강하게 거부한다면 과감히 체육관 혹은 학원을 끊으세요. 무리해서 시킬 필요는 없습니다.

또 다른 예로 아이가 "아~ 숙제하기 귀찮아."라고 말할 경우, 흔히들 엄마는 바로 "무슨 소리하는 거니! 제대로 안 하면 안 돼."라고 다그칩니다. 하지만 이런 상황에서도 "그렇구나, 너도 매일 힘들겠구나." "엄마도 너만 했을 때에는 숙제하는 게 정말 싫었어."라고 아이의 마음을 헤아려 준다면 고집은 확연히 줄어들 겁니다. "힘들지만 조금만 더 노력해."라고 격려하는 것은 공감해 준 뒤에 하는 것이 좋습니다. 부모가 자신의 고충을 알아주었다고 느끼게 되면 격려의 말도 순순히 받아들인답니다.

사람은 마음속에 쌓아 놓고 있는 것을 전부 쏟아 내야 기분이 한결 상쾌해집니다. 아이도 똑같습니다. 엄마가 자신의 마음을 알아주기만 해도 마음이 편안해지죠. 그것만으로도 아이는 "조금 더 노력해 볼게요."라고 말하게 된답니다. 안 되는 이유를 머리로는 이해할 수 없어도,

가슴으로는 받아들이는 거지요.

엄마 역시 보다 구체적인 해결 방법을 발견하는 기회가 됩니다. 아이가 쏟아 낸 마음속 이야기들을 통해 문제의 원인을 명확히 알게 됩니다. '그래, 레벨이 안 맞았구나, 역시 선생님과 맞지 않는구나, 실은 친구관계가 문제였구나.' 등의 원인을 알게 되기 때문에 그에 따른 정확한 대응을 할 수 있습니다.

원래 아이도 자신이 해야 할 일이 있다는 걸 잘 알고 있습니다. 그럼에도 자신이 처한 힘든 상황에 대해 푸념을 늘어놓고 싶은 거랍니다. 어른들도 그렇잖아요. 해야 하는 건 알지만 불평하고 싶었던 적이 있었을 것이라 생각해요.

회사에서 있었던 불만스러운 일을 배우자에게 이야기했을 때, "어쩔 수 없잖아. 그냥 받아들이는 수밖에."라는 대답을 들었다면 기분이 어떨까요? 분명 "나도 알고 있다고!"라고 맞받아치겠죠. 그리고 짜증이 나서 괜히 의욕만 더 떨어질 게 뻔하답니다.

이와는 반대로 "그렇구나. 일이 너무 많네."라는 공감을 받으면 마음이 괜히 편안해집니다. 그러면 뒤이어 '한번 더 열심히 해 보자.'는 기분도 들지요.

아이도 마찬가지랍니다. 그렇다고 아이의 의견을 무조건 존중하고 수용하라는 것은 아닙니다. 확고한 부모의 신념을 따르되, 비록 "No!"라고 말하는 경우에도 처음에는 "Yes, Yes!"라고 말할 수 있어야 합니다. 그 어떤 가르침과 충고도 반드시 공감을 동반해야 아이는 기꺼운 마음으로 따릅니다. 그렇지 않을 경우 아이는 점점 '엄마랑은 말이 안 통해!'라고 느낄 수 있습니다.

이렇게 아이를 공감해 주자

- **아이의 부탁을 두어 번 정도로 충분히 공감해 주고 난 후에 안 되는 이유를 구체적으로 설명해 주세요**

    마트에서 장난감을 사달라고 조르는 아이에게
    - "안 돼, 안 된다니깐, 당연히 안 된다는 거 알고 있잖아."
    - **"아, 이번에 새로 나온 ○○모델이구나, 예쁘네.**
      (충분히 공감해 준 뒤) **이번만큼은 안 될 것 같구나. 왜냐하면 집에 있는 ○○ 장난감이 저것과 비슷하잖니."**

    학원을 가기 싫어하는 아이에게
    - "무슨 소리야! 애써 지금까지 잘해 왔잖니!"
    - **"그렇구나, 너도 매일 힘들겠구나. 엄마도 너만 했을 때에는 학원에 정말 가기 싫었어."**
      (충분히 공감해 준 뒤) **"힘들겠지만 조금만 더 노력해 보자."**

- **가끔씩은 아이의 부탁을 들어주는 것도 중요합니다**
  선물 받는 행위로 아이는 부모의 애정을 확인하기도 하거든요

잘못된 감정 표현은
아이교육에 '독'이 된다

1. 상처 주는 것이 습관이 되는 이유
2. 감정을 다루는 데 서툰 부모를 위한 대처법
3. 그래도 잘 되지 않을 때의 궁극의 방법, 못 본 척 해라
4. 엄마 혼자 육아를 짊어져서는 안 된다

　육아는 매우 고된 일입니다. 스트레스가 생길 수밖에 없죠. 아무리 자신을 다스리려 해도 아이가 밉게만 보일 때가 반드시 있습니다. 그러다가 자신도 어쩌지 못하는 마음으로 아이에게 해서는 안 되는 말을 하기도 하지요.

　이 장에서는 부모의 '스트레스'를 짚고 넘어가려 합니다. 말하는 이의 마음은 중요합니다. 머릿속으로 하지 말아야 한다고 생각하는 말도 마음에 따라 그 방향이 순식간에 바뀌기 때문입니다. 그래서 부모는 자신의 스트레스를 다룰 줄 알아야 합니다.

　무엇보다 스트레스를 근본적으로 해소하기 위해선 원인부터 풀어야 됩니다. 사실 강연회에서 자주 들었던 질문이 있습니다.

　"그럼 아이에게 화를 내면 안 된다는 건가요?"

　그에 대한 답을 여기서 하려 합니다. 화를 내지 않으면 물론 좋겠지요. 그런데 그런 엄마는 현실 속에서 있을 수 없습니다. 위에서도 말한 것처럼 육아는 굉장한 인내심을 필요로 하는 고된 일이기 때문입니다.

　부모는 또한 육아로만 스트레스를 받지 않습니다. 직장, 시댁, 돈 등 매일 예측할 수 없는 삶의 무게가 부모의 마음속에 긴장과 불안 심리를 만들어 냅니다. 그 감정이 엉뚱하게도 아이를 향해 쏟아지곤 하죠. 그래서 아이를 혼낼 때 우리는 스트레스 원인이 아이 때문인지 다른 일 때문인 것은 아닌지 자신을 돌아봐야 합니다.

무엇보다 우선해야 하는 것은 바로 나 자신임을 잊지 마세요. 나에게 주어진 수많은 역할과 의무들에 이를 잊어서는 안 됩니다.

상처 주는 것이
습관이 되는 이유

"아무리 훌륭한 교육도 부모가 말을 잘못하면 무용지물이에요."

"혼내서 가르치는 것의 효과는 찰나에 불과해요."

"올바른 말을 사용하는 것만큼 교육에서 중요한 것은 없어요."

앞에서 설명했던 이 말들을 저는 기회가 있을 때마다 입에 침이 마르도록 강조해 왔었습니다. 그랬더니 어느 날 한 엄마가 이렇게 물어오더군요.

"선생님의 책을 읽고서 아이를 혼내지 않으려고 노력했어요. 참고, 참고 또 참았죠. 하지만 스트레스가 쌓이고 쌓여 결국에는 폭발해 버리고 말았어요. 어떻게 하면 좋을까요?"

이 말을 듣고 어느 엄마에게라도 일어날 수 있는 일이라는 생각이 들었습니다. 그저 바라만 봐도 한없이 예쁘지만, 순식간에 악동으로 변하는 게 아이들이니까요. 저 역시 교직에 있을 때 무의식 중에 아이들에게 소리를 지른 적이 한두 번이 아닙니다. 하물며 매일 아이와 부대끼며 살아가야 하는 엄마들은 당연한 거 아닐까요?

때로는 정말 작은 일이 계기가 되어 아이를 향해 울분을 토할 때가 있습니다. 마음에도 없는 말을 내뱉게 되기도 하지요. 아무리 참아 보려 해도 쌓이고 쌓인 스트레스가 터져 나와 버리는 것입니다. 이때 엄마들이 느끼는 무력감과 죄책감은 어떠한 말로도 표현할 수 없습니다. 지금까지의 노력을 스스로 무너뜨린 것 같아 허무하기까지 합니다.

여기에 산더미처럼 쌓인 집안일과 시댁 문제 등 다른 상황에서 생겨나는 스트레스까지 겹친다면 상황은 더욱 악화됩니다. 실제로 베네세 차세대육성연구소(일본의 교육문화 전문 기업 베네세가 운영하는 연구소 - 편집자 주)의 조사 결과 '육아는 행복한 일이다.'라고 생각하면서도 '아이를 위해 희생하고 있다.'는 항목에 36.7%의 엄마가 그렇다고 대답했답니다.(한국은 80% 이상이었다. - 편집자 주) 즉 육아에 대해 긍정적, 부정적 감정을 동시에 갖고 있는 엄마들이 상당히 많다는 거죠. 놀라운가요? 사실 육아는 좋은 감정만을 선사하지 않습니다. 상상도 할 수 없을 만큼 많은 희생과 인내를 요구하는 일입니다.

그러니 엄마는 스트레스가 쌓일 수밖에 없습니다. 때로 아이가 너무 밉고, 어디론가 훌쩍 떠나 버리고 싶기도 합니다. 이것은 매우 자연스러운 현상입니다. 스트레스 여부로 엄마 자격을 운운해서는 안 됩니다. 희생적인 엄마는 오히려 아이와의 관계를 망칠 수 있습니다. 올바른 육아는 엄마와 아이가 동등한 관계에서 이루어지는 것입니다. 아이를 위해서라도 엄마 자신을 소홀히 해서는 절대 안 됩니다. 화가 일어나면 그를 받아들이고 적절히 풀어낼 수 있도록 노력해야 합니다. 그래야 뜻하지 않게 말로 아이를 상처 주는 일이 줄어듭니다. 인내는 절대 해결책이 아닙니다.

단 스트레스와 부정적인 감정들을 아이에게 발산하지 않아야 합니다. 어느 누구든 마음속 스트레스는 자신보다 약한 상대에게로 향하기 마련입니다. 언제나 자기 곁에 있는 존재라면 더욱 그러하겠지요. 그러다 보니 자신도 모르게 훈육, 교육이란 이름 아래 아이에게 자신의 감정을 쏟아 내는 경우가 종종 있습니다. "자꾸 말 안 들으면 어디 내다 버릴 거야!" "어쩌다 너 같은 아이가 태어나서." 처럼 한껏 감정을 부풀린 말들로 아이의 마음에 비수를 꽂습니다. 이러한 일이 반복된다면 아이에게 습관적으로 상처를 주게 됩니다.

그러니 부정적인 감정을 쌓아 두지 마세요. 그때그때 해소할 수 있도록 노력해야 합니다. 때때로 현실육아는 부모에게 자신만의 시간을 허락하지 않습니다. 그렇지만 스트레스 해소는 선택이 아닌 필수 사항입니다. 자기만의 감정 해소처를 꼭 만드세요.

아이를 잘 키우고 있는 것인지, 나는 좋은 엄마인지 불안해하지도 마세요. 엄마의 감정은 굳이 표현하지 않더라도 아이에게 그대로 전해집니다. 엄마가 불안하면 아이도 자주 보채고 울게 되지요. 노는 것에도 흥미와 호기심이 줄어듭니다. 아이의 성장이 지연되는 결과를 낳지요. 엄마 스스로 자신감이 없으면 아이 역시 자신감을 가질 수 없습니다. 부모로서 있는 그대로의 자신을 받아들이세요. 아이를 키울 때 너무 무리하지 않길 바랍니다. 그럴수록 아이에게 보상을 바라는 것이 부모의 마음입니다. '내가 누굴 위해 이 고생을 하는데.' 하고 생각만 하지 않고 아이를 채근하고 혼내게 됩니다.

가장 좋은 육아는 엄마가 스트레스를 덜 받는 것입니다. 육아는 매우 오랜 시간을 필요로 하는 자신과의 싸움입니다. 부정적인 감정을 참으려 하지 마세요. 그리고 그 감정과 아이를 분리시킬 수 있어야 함을 꼭 기억하세요.

감정을 다루는 데 서툰 부모를 위한 대처법

사람은 자신의 감정을 다루는 데 서툽니다. 특히 짜증이나 화처럼 부정적인 감정엔 더욱 약하지요. 그러다 보니 비관적으로 생각하는 경향이 강해집니다. 오히려 속마음을 숨기거나 잘못된 방향으로 표출하지요. 이 모든 일은 부모들에겐 더 자주 발생할 수 있습니다. 그래서 자신만의 스트레스 해소법이 꼭 있어야 합니다. 이렇게 말하면 많은 사람들은 도대체 어떻게 하면 좋을지 모르겠다고 되묻습니다.

그래서 이번 꼭지에서는 부정적인 감정을 해소할 수 있는 방법들을 알려 주고자 합니다. 방법은 무궁무진하답니다. 아래를 참고해 자신만의 방법을 만들어도 좋습니다. 자신을 우선하고 사랑할 준비가 되어 있다면 어느 방법이라도 분명 효과가 있을 거예요. 자신을 가장 잘 아는 사람이 본인인만큼, 가장 나에게 최적화된 방법을 만들어 갈 수 있을 테니까요.

감정이 휘몰아친다면, 아이와 거리를 둔다

가장 먼저 권하고 싶은 방법은 우선 집에서 벗어나는 것입니다. 동네 친구들을 만나 차를 마시며 가볍게 수다를 떨어도 좋습니다. 이도 아니라면 산책이나 가벼운 운동을 권하고 싶습니다. 여유가 된다면 노래방에 가서 평소 좋아하는 노래를 부른다거나 손톱 관리 등을 받으며 기분 전환을 해 보세요. 이 밖에도 기분을 바꿔 줄 방법은 무궁무진합니다. 중요한 것은 하루 종일 아이와 씨름하던 집에서 벗어나는 것입니다. 아이는 누가 보냐고요? 정 아이를 봐 줄 사람이 마땅치 않다면, 주말을 적극 활용하세요. 아이 걱정, 남편 걱정은 일단 버려두세요. 가장 우선해야 하는 건 엄마, 나 자신입니다. 이것저것 고민하다 보면 기분 전환을 위한 잠깐의 외출은 점점 더 어려워집니다. 단 한 시간이라도 아이에게서 벗어나 자기만의 시간을 가지는 것이 중요합니다. 그러면 새로운 육아 힘이 생깁니다.

엄청난 감정의 소용돌이를 느낄 때는, 일단 아이에게서 떨어져야 합니다. 그대로 있으면 엄마의 부정적인 감정이 아이에게 쏟아지고 맙니다. 옆방이나 베란다에서 차를 마시거나 심호흡, 스트레칭 등을 하며 기분을 바꿔 보세요. 차 안이나 방에서 혼자 크게 소리를 지르는 것도 효과가 좋답니다. "아~~~!" 하고 큰소리를 내는 것만으로도 기분이 한

결 나아질 겁니다.

그렇게 잠깐이라도 아이 옆에서 벗어나는 것은 매우 중요합니다. "몇 번이나 말해야 알아들을 거니! 너란 아이는 정말 칠칠치 못해!"라고 말해 버릴 일도 기분 전환을 하고 나면 "자, 엄마와 함께 정리할까?"라고 한결 부드럽게 말이 나옵니다.

외출은커녕 잠깐 떨어지는 것도 불가능할 때에는 크게 숨을 쉬어 보는 건 어떨까요? 몇 번의 심호흡만으로도 마음의 안정을 되찾을 수 있을 거예요. 배와 가슴에 공기를 가득 넣는다는 느낌으로 가능한 천천히 깊게 숨을 들이마시고 길게 내뱉는 복식 호흡을 해 보세요. 그러면 우리 몸에 행복 호르몬이라고 하는 세로토닌이 분비됩니다. 이는 스트레스를 줄여 주는 효과가 있어, 아이와 대치하던 상황에서 생긴 부정적 감정을 누그러뜨립니다. 자연히 눈앞에 놓인 상황을 어떻게 해결해야 할지 객관적으로 생각해 볼 수 있습니다.

'가능한 천천히 깊고 길게 하는' 복식 호흡이 중요함을 잊지 마세요. 얕은 호흡으로는 세로토닌이 분비되지 않을 수 있습니다.

아이에게 상처 주지 않고 감정을 표현하는 법

정 답답할 때는 "아, 엄마 정말 화가 날 것 같아!" "아~!! 엄마가 짜증이 나는 것 같아!" 하고 소리 내어 말해 보세요. 자신의 감정을 솔직히 말하는 거죠. 그러면 아이는 엄마의 감정을 다독이기 위해 노력하는 모습을 보이게 돼요. 혹은 엄마와 거리를 두려고 하지요. 감정을 있는 그대로 표현하는 것만으로는 아이가 상처 받지 않습니다. 그러니 감정이 밖으로 흘러나오는 대로 내버려 두세요. 억지로 참으려 하다 "정말이지, 너는 구제불능이구나!"라고 아이에게 짜증을 퍼붓는 것보다 자신의 감정이 어떠한지 숨김없이 표현해 보세요. 이것도 큰 도움이 된답니다.

만약 혹시라도 아이가 내 감정 때문에 상처 받지 않을까 염려된다면, 감정주의보를 내려 보세요. 이는 남자아이를 둔 지인이 가르쳐 준 방법인데요. 그녀는 화가 나면 아들에게 "지금 엄마 화났으니까 옆에 있지 않는 것이 좋을 것 같아."라고 말한다고 합니다. 그러면 아이는 잠시 혼자서 놀거나 책을 읽으며 시간을 보내다 "이제 괜찮아요?" 하고 엄마의 상황을 확인합니다. 이때 기분이 나아져 있다면 "이제 괜찮아." 하고 말하고, 그렇지 않으면 "아직, 조금만 더 혼자 놀래?"라고 말합니다. 그러면 아이는 다른 방에서 조금 더 시간을 보내고 오는 거죠.

저는 이 방법이 매우 좋다고 생각했습니다. 사실 엄마가 기분이 좋지 않을 때는 직·간접적으로 아이에게 영향이 가기 마련입니다. 이는 그러한 영향력에서 아이를 벗어나게 해 줌으로써 엄마의 죄책감도 덜어 주기 때문에 개인적으로 꼭 추천하고 싶습니다.

혹은 의미가 분명하지 않은 말들로 마음속 화를 표현해 보세요. "가 갸거겨고교!" "빠라빠라삐삐뽀!" 같은 정체불명의 말들로요. 이 역시 지인이 가르쳐 준 방법입니다. 어린 시절 그녀의 어머니가 이렇게 감정을 표출했다고 해요. 치솟는 감정으로 인해 아이에게 상처를 주고 싶지 않아 그녀의 어머니가 마련한 자구책이었죠. 실제로 강연에서 이 방법을 듣고 실천해 본 엄마가 말하기를 아이도 재미있어 보이는지, 자신의 말을 되받아치더라는 겁니다. 그렇게 서로 이상한 외계어를 주고받는 사이 어느새 웃음이 터져 나왔고, 기분마저 상쾌해졌다고 말하더군요.

감정의 원인을 찾아야 한다

마지막으로 감정을 다루는 데 가장 중요한 기본은 '자기분석'입니다. 기분이 안 좋다면 자신을 되돌아보세요. 자신은 왜 이렇게 짜증이 난 것인지, 그 스트레스가 아이 때문인 것은 맞는지 확인할 필요가 있습니다. 근본적인 원인을 해결하지 못한다면 그 짜증은 언제고 또 터져 나옵니다. 그 영향은 아이에게 고스란히 전해지겠죠. 그러니 감정의 원인이 무엇인지 자신을 들여다보길 바랍니다. 계속되는 불쾌한 감정으로 본인의 자존감까지 낮아진다면, 더욱 신경을 써야 합니다. 엄마의 낮은 자존감은 아이에게 대물림되기 때문이에요.

아이에게 화를 내는 것은 결코 나쁜 행동이 아니다

어느 날 강연 후 마음에 걸리는 편지를 받은 적이 있습니다.

> 선생님의 강연을 듣고 정말로 반성했어요. 어제도 아들이 제게 '○△□&#￥!!'라고 말하기에 저도 똑같이 '#○&△%□￥!!'라고 되받아치고 말았어요. 그게 말이죠, 정말 심한 말을 하는 거예요. 여기에 적을 수도 없는 말을요. 그래서 화가 나서 저도 맞받아치고 말았어요. 하지만 선생님의 강연을 듣고 나니, 제 이런 행동들이 아이에게 부정적인 영향을 끼친다는 생각이 들었어요. 앞으로는 화가 나더라도 아이에게는 참아 보려고요.

이 글을 읽고 저는 생각에 잠겼습니다. 편지를 보낸 엄마가 원래 제가 하고 싶었던 말을 조금 오해하고 있는 것처럼 느껴졌기 때문입니다.

저는 부모의 마음속 스트레스를 아이에게 퍼붓는 것은 좋지 않다고 말했었습니다. 감정이 북받쳐 오른 상태에선 아이에게 해서는 안 될 말까지 할 수도 있으니까요. 그런데 편지를 보낸 엄마는 아이에게 화를 내는 것 자체에 대해서 부정적으로 생각하는 듯했습니다.

사실은 그렇지 않습니다. 아이가 험한 말을 한다면 엄마는 화를 낼 줄 알아야 합니다. 부모에게 나쁜 말을 한 아이에게 아무런 반응도 하지 않는 것이 오히려 더 잘못된 육아랍니다. 물론 아이에게 그런 소리를 듣고도 화를 내지 않고 침착히 대응한다면 이상적이고, 완벽하겠죠.

전혀 혼을 내지 않고서도 아이가 반성하며 잘못된 행동을 스스로 고치게끔 한다면 서로가 편할 것입니다. 하지만 이런 엄마는 드라마나 책에서만 존재합니다.

저는 자연스레 발생하는 화를 억누르는 것이 오히려 아이와 엄마 모두에게 역효과라고 생각합니다. 아이가 나쁜 행동을 했던 즉시 화를 참아 버리면 오히려 스트레스가 더 쌓여 언젠가는 분명히 폭발하기 때문이죠. 정작 아이에게 화가 날 당시에는 꾹 참았다가 다음날 아이의 지저분한 방을 보고 "왜 이렇게 칠칠치 못하니!"로 시작해 필요 이상의 말을 할 수도 있습니다. 이때 아이는 자신이 벌인 행동과는 관계가 없는 말들로 어리둥절해합니다. 그리고 상처만이 남은 채 상황은 끝이 납니다. 아이의 잘못된 점을 전혀 바로잡아 주지 못한 채로 말이죠.

그러니 참을 수 없을 정도로 화가 났을 때엔 바로 말해 주세요. "그런 말을 들으면 엄마는 무척 화가 나!"와 같이 말입니다. 그래야 아이도 자신이 무엇을 잘못했는지 이해할 수 있습니다. 이때에도 상대를 상처 주거나 인격을 부정하는 말은 절대로 금지입니다. 느끼는 감정을 그대로 말하세요. 자신이 없다면 앞에서 얘기한 것처럼 그 자리를 피하는 것도 방법입니다.

이 모든 방법의 끝에는 부모와 아이가 서로 사과하는 시간이 있어야 합니다. 마음에 응어리가 남지 않도록요. 부모와 아이의 관계는 일시적인 것이 아니라 장기간 지속되기 때문에 한때의 상처가 오랫동안 영향을 끼칠 수도 있습니다.

육아는 체력전입니다. 몸뿐만이 아니라 마음의 체력전이기도 합니다. 사람은 힘에 부치면 긍정적인 마음을 유지하기 힘듭니다. 그러니 스트레스를 푸는 시간을 보기 좋은 남의 떡으로만 여기지 말아 주세요. 스트레스를 해소하는 자신만의 방법을 꼭 가지고 있어야 합니다. 무엇보다 엄마, 당신을 항상 아끼고 사랑해 주세요.

그래도 잘 되지 않을 때의
궁극의 방법, 못 본 척 해라

여기까지 읽고 마음에 드는 방법이 있다면 꼭 실행으로 옮겨 보세요. 배운 것들을 실행하지 않는다면 무의미하답니다. 아주 조그만 일이라도 그 효과는 예상보다 클 수 있으니 밑져야 본전이라는 마음으로 한번 시도해 보세요.

지금 당장 좋은 성과가 나지 않을 수도 있습니다. 여러 번 말했듯이 아이는 그렇게 만만하지 않습니다. 부모의 노력과는 상관없이 아이가 뜻대로 따라 주지 않기 마련입니다. 바로 여기에 함정이 숨어 있습니다. 이런 일이 반복되다 보면 부모는 허무해진 나머지 화가 날 수 있거든요.

교사 시절 저도 그랬습니다. 학생들의 관심을 돌리기 위해 온갖 방법을 다 써 봐도 효과가 없으면 마구 화가 났었습니다. 한번은 아이들이 즐겁게 청소하길 바라는 마음에 '청소 놀이'를 만든 적이 있었습니다. 그런데 생각과 달리 아이들의 반응은 냉랭했습니다. 놀이고 뭐고 청소하기 싫어하는 표정이 역력했지요. '나는 너희들을 위해 이렇게 노력하고 있는데, 너희는 도대체 왜 그러니!'라는 생각이 들면서 아이들을 야단치고 말았습니다.

이러면 아무런 의미가 없습니다. 중요한 것은 결과가 아니라 개선이라는 점을 명심하세요. 다른 집 아이에게 효과가 좋았던 방법이 우리 아이에겐 통하지 않을 수도 있습니다. 단박에 아이를 변화시키는 방법 역시 없습니다. 전보다 아이가 얼마나 좋아졌는지, 얼마나 노력하고 있는지 결과보다 과정을 봐 주세요.

그런데 도통 아이가 바뀔 기미가 보이지 않는다면 어떻게 해야 할까요? 이럴 때는 '눈을 감아' 주세요. 부모의 눈에 들어오는 아이의 부족한 부분, 마음에 안 드는 부분에 대해 못 본 척, 무시하는 것입니다.

강연에서 이 이야기를 하면 모두들 의심쩍어합니다. 다시 한 번 말하지만 괜찮습니다. 아무리 해도 힘에 부친다면 못 본 척 넘어가세요. 암만 가르쳐도 방 안을 어지럽히기만 하고 치우지 않는다면, 그냥 엄마가 대신 청소하세요. 잠시도 가만히 앉아 있지 못한다면, 생각을 달리해서 아이가 넘치는 에너지를 소모할 수 있도록 활동을 많이 시켜 주세요. 유아기 때는 교육 도중 부모가 과감히 포기할 수도 있어야 합니다.

육아나 교육에 있어 아이의 행동을 눈감아 준다는 것은 정말로 중요하답니다. 이는 부모에게 있어 가장 중요한 자질입니다. 자신의 스트레스도 어쩌지 못하고 있는 상황에서 아이의 잘못을 모른 체 하지 않으면 부정적인 감정들이 섞인 말이 자기도 모르게 입 밖으로 나갑니다. 이는 아이 마음에 깊은 트라우마를 남겨 버리지요. 그렇게까지 했을 때 아이가 과연 올바르게 클까요? 부모의 지나친 교육열은 '뭔가 실수한 건 없을까?' '내가 무엇을 잘못하진 않았을까?' 하는 불안감을 아이에게 심어 줍니다. 엄마 혹은 아빠와 있는 것이 즐겁지 않고 불편해지죠. 자존감도 무너집니다. 아이와 부모가 서로 한계에 부딪혀 속수무책인 상태가 되어 버리는 것입니다.

아이는 무기력하답니다. 그래서 부모가 말로 공격하면 그대로 듣고 있을 수밖에 없습니다. 어른들보다 감정에 더욱 서툴러 자신의 마음속 한편에 상처들을 켜켜이 쌓아 놓습니다. 어릴 때의 상처는 언젠가 불쑥 튀어나와 문제를 일으킬 수 있습니다. 그 시기를 알 수 없기에 더 큰 문제지요.

그러니 아이의 부족하고 못마땅한 부분을 도끼눈으로 지켜보지 말고, 눈을 감아 주세요. 이는 엄마의 스트레스를 경감시키고 아이 역시 매일매일을 편안하고 행복하게 지내도록 합니다.

온갖 정보를 섭렵해 거금을 들여 구매한 전집을 아이가 싫어할 수도 있습니다. 그러면 '이게 얼마짜리인데, 남들은 다 좋다고 난리던데 왜 우리 아이는?'이라고 생각하지 마세요. 아이가 비싼 책을 찢고 놀던 낙서를 하고 놀던 놔두세요. 책에 관심을 가진다는 게 어딘가요. 그러는 사이 자연스럽게 아이가 책을 읽고 싶어 한다면, 그때 적극적으로 도와주세요. 만약 그렇지 않더라도 이에 대해 뭐라 해서는 안 됩니다. 무엇보다 이 시기 중요한 것은 아이가 책에 대해 어떠한 트라우마나 상처가 남지 않는 것입니다.

애초에 인생에서 인간이 결과를 좌우할 수 있는 것은 없습니다. 자신이 아무리 열심히 해도 생각처럼 되지 않는 경우가 많지요. 화살을 쏘는 일에 비유해 볼까요? 궁도의 달인은 활을 쏠 때 과녁을 맞히려 하지 않고 그 행위 자체를 즐긴다고 합니다. 그래야 과녁을 벗어나는 일이 없다고 말하지요. 오히려 화살을 과녁에 맞추려고 생각할수록 손이 흔들려 빗나간다고 해요. 다른 일들도 똑같습니다. 잘하려고 애쓸수록 긴장하여 실수하기 마련입니다. 과도한 부담감으로 무리하게 힘이 들어가 실패하는 것이죠. 그러니 결과를 바라지 않고 그 자체를 즐기는 것이 올바른 삶의 자세 아닐까요?

육아도 마찬가지입니다. 당장은 알 수 없는 아이의 미래를 걱정하며 아이교육에 매진하더라도 그 효과는 기대만큼 못 볼 수 있습니다. 때문에 부모에겐 아이의 잘못된 행동도 눈감아 줄 수 있는 마음가짐이 필요하답니다. 눈앞에 있는 아이와의 시간에 더욱 집중하는 것은 어떨까요? 아무리 아이를 위한 것일지라도 이로 인해 매일 다투며 보낸 하루하루보다 즐겁게 추억을 쌓으며 보낸 행복한 시간이 아이의 성장엔 더욱 건설적이랍니다.

오랜 시간 아이들을 접해 오며 알아낸 교육 성공의 비결은 바로 '말'이었습니다. 하지만 엄마가 그 말을 올바르게 하기 위해선 앞에서 얘기한 것처럼 마음가짐을 새로이 해야 할 뿐 아니라 자신의 스트레스도 다룰 줄 알아야 합니다. 그 스트레스를 본인이 어쩌지 못할 때가 분명히 있습니다. 나름의 방법으로 스트레스를 해소하려 해도 마음이 풀리지 않는 것이지요. 이럴 때 뜻대로 되지 않는 아이는 엄마의 스트레스를 더욱 높일 뿐입니다. 그때는 그저 눈을 감아 주세요. 한결 따스한 눈으로 아이를 바라볼 수 있을 거예요.

04
엄마 혼자 육아를 짊어져서는 안 된다

엄마의 스트레스 요인은 일일이 셀 수 없을 정도로 정말 다양하고 복잡합니다. 사실 스트레스를 완벽하게 해결하기 위해선 근본적인 원인부터 해결해야 하지만 저마다 받는 스트레스가 다르기 때문에 모든 원인을 여기서 하나하나 짚어 가며 설명할 수 없을 것 같습니다. 하지만 이 원인만큼은 짚고 넘어가려고 합니다. 엄마들은 대부분 혼자서 육아를 짊어지고 있습니다. 그래서 많은 이들이 힘들어하고 있죠. 오롯이 혼자 육아를 책임진다는 일은 스트레스를 야기하는 가장 대표 원인이라고 할 수 있습니다.

많은 사람들은 부부 간의 육아 분담 문제를 맞벌이 부부만의 일로 생각합니다. 어린이집(유치원)에 누가 아이를 데리러 간다거나, 퇴근을 하고 돌아올 경우 어떻게 집안일을 분배할 것인가 등의 문제는 남편과 아내 둘 다 직장을 다녀서 생기는 거라고 생각하죠.

하지만 전업주부도 힘든 건 마찬가지입니다. 같은 문제로 눈물을 수 없이 흘립니다. 제가 가르쳤던 학생들의 엄마들 중에도 육아를 혼자서만 짊어지고 있는 사람들이 꽤 있었답니다. 모두 마음에 여유가 없어 보였죠. 해야 하는 집안일은 많은데, 자녀를 혼자 내버려 두자니 외로워 보이고 걱정도 되어 이러지도 저러지도 못하는 상황에 스트레스가 생기기 일쑤였습니다. 집 안에서 하루 종일 아이와 단둘이 보내는 일상이 반복되면서 짜증이 자주 얼굴에 나타나는 사람도 있었습니다. 퇴근해서도 피곤하다는 이유로 전혀 도와주지 않는 남편 때문에 심한 경우 우울증을 겪은 엄마들도 여럿 있었지요. 그렇기에 육아를 혼자서 짊어지는 것은 매우 위험한 일이랍니다. 부모에게도, 아이에게도 좋은 게 없어요.

도와주는 아빠가 아니라 '하는' 아빠로

요즘에는 아빠육아의 중요성이 점점 커지고 있습니다. 각종 미디어의 영향으로 '친구 같은 아빠'가 사회적 트렌드로 자리 잡을 정도죠. 하지만 실태를 파악해 보면, 바람직한 공동육아로 가야 할 길은 아직도 멀답니다. 남편은 밖에서 일하고 집안일과 육아는 아내가 전담하는 가정이 많죠.

부부가 함께 일을 가지고 있어도 이에 상관없이 집안일과 육아를 아내 혼자서 짊어지고 있는 가정도 많습니다. 21세기를 맞이한 지 10년 이상이나 지났지만 아직까지도 유교적인 가치관의 영향으로 집안일과 육아는 엄마의 몫이라는 의식이 우리들의 저변에 깔려 있는 덕분입니다.

육아에 비교적 적극적으로 참여하고 있는 아빠들 역시 '나는 제대로 도와주고 있어. 이 정도면 괜찮아. 나는 이해심 있는 남자니까······.'라는 생각을 합니다. 유교적인 의식이 남아 있기 때문이지요. 그렇다 보니 여전히 많은 집에서 엄마 혼자 집안일과 육아의 상당 부분을 짊어지고 있습니다.

사실 아이를 키우는 일은 아빠가 '도와주는' 것이 아니라 아빠의 '할 일'입니다. 엄마만의 일이 아닌 거죠. 한 가족의 구성원으로서 집을 가꾸고, 자신의 아이를 교육시키는 일은 부부 양쪽 모두에게 중대한 일이랍니다. 그러니 한쪽에만 과중한 부담이 가해지는 것은 불합리합니다. 부부가 평등하게 짊어져야 하니까요.

특히 아이교육만큼은 부부 공동의 합의가 필요한 일입니다. 보통 첫 교육을 시작하는 아이의 만 3세 이전에 교육관에 대한 생각을 함께 정립하는 것이 가장 좋습니다. 그렇지 않을 경우 아이교육에 문제가 생겼을 시에 서로에게 그 책임을 미룰 수 있어요. 부부싸움으로도 번질 수 있지요. 하지만 미리 교육 방침을 정해 놓으면 아이는 일관성 있고 안정적인 교육을 받을 수 있습니다. 뿐만 아니라 인간관계 갈등을 풀어 나가는 올바른 자세를 부모를 통해 배울 수 있답니다. 부모가 평등하게 의견을 공유하고 논의하는 과정을 어릴 때부터 보고 자랐기 때문입니다. 그렇기 때문에 아빠들을 육아, 집안일 등에 적극적으로 참여시켜야 합니다. 매우 작은 일도 엄마와 아이에게 많은 도움이 될 거예요.

하지만 바깥일에 지쳐 보이는 남편에게 해 달라는 말을 하기가 너무 미안하다고 느끼나요? 아니면 이미 여러 번 시도했으나 결국 말다툼으로 끝나 버렸나요? 그러나 아직 포기하지 말아 주세요. 아이 성장의 강점들을 놓치게 된답니다.

아빠육아의 효과는 매우 놀랍습니다. 여러 실험과 연구에서도 검증됐었죠. 미국의 발달심리학자 칼데라는 아빠가 양육에 많이 참여할수록 아이의 자존감이 높아지는 '아빠 효과(father effect)'를 발표했습니다. 호주 뉴캐슬 대학 연구팀 역시 아빠와의 놀이가 아이에게 자기보다 센 상대를 물리쳤다는 성취감을 선사하여 자아존중감을 높일 뿐만 아니라 신체발달, 감정과 생각을 조절하는 능력까지 키워 준다고 발표했답니다.

아빠에게도 이점이 있습니다. 〈월스트리트 저널〉에 970명의 아빠들을 상대로 아빠육아와 업무 능력 간의 상관관계에 관해 연구한 보고서가 실렸습니다. 자녀와 보내는 시간이 많을수록 업무에 대한 만족도가 높았으며 자연스레 이직률이 낮다는 흥미로운 내용이었죠. 이는 버지니아 랜돌프메이컨 대학교 램버트 연구원 역시 비슷한 실험 결과를 내놓았습니다. 마모셋 원숭이를 관찰한 결과 가정적인 수컷들이 아직 아이를 낳아 본 적 없는 수컷들보다 숨겨진 먹이를 찾아내는 능력이 뛰어났었죠.

아빠가 육아에 참여할수록 업무능력이 떨어지는 것이 아니라 오히려 발전합니다. 왜냐하면 바깥일과 집안일, 육아를 병행하다 보니 시간과 에너지를 점점 잘 조정하면서 자연스레 자기관리능력이 높아지기 때문입니다. 즉 우선순위를 생각하고, 해야 할 일을 선정하고, 장기적인 계획을 세우고, 순서를 정리하고, 효율 좋게 실행하고, 집중력을 높이는 등의 능력들이 오히려 육아를 하면서 발전하는 거죠. 일과 육아를 양립시키려는 노력만으로 이 모든 것이 가능하게 된답니다. 이들은 모두 바깥일에 환원되고요.

또한 다양한 인간관계를 맺을 수 있답니다. 보통 일과 관계한 곳에서는 대개 자신과 같은 가치관이나 인생관을 가지고 있는 사람을 만나는 경우가 많아요. 한편으로는 편하겠지만 아무래도 시야가 좁아지는 일이죠. 그런데 아이를 통해 맺는 인간관계에서는 다양한 직업, 가치관, 인생관을 가진 사람들을 만날 수 있습니다. 이것은 자신의 인생 폭을 넓힐 수 있는 기회로 연결돼요.

소우타의 아빠는 "함께 놀아 주세요."라는 저의 충고로 아들과 함께 야구 연습을 시작했습니다. 원래 TV로 즐겨 보는 운동이었지만 아들과 함께 실제로 해 보니 재미가 늘어났다더군요. 그러다가 심판의 즐거움에 눈이 떠졌다고 합니다. 아이와 함께 시간을 보내며 생긴 관심 덕분에 심판 공부를 시작하여 자격증을 따기까지 했습니다. 지금은 그 지역의 유명한 심판이랍니다.

엄마 역시 스트레스가 경감하면서 자연스레 아이를 향한 부정적인 말이 줄어들고 긍정적인 말을 주로 하게 됩니다. 혼내는 일이 줄어든 만큼 자주 칭찬을 하게 되죠. 육아에도 보다 적극적으로 참여하게 됩니다. 아무래도 해야 하는 집안일이 줄어들면서 물리적으로 아이를 보살필 시간이 늘어나기 때문입니다. 압박감에서도 해방되기 때문에 아이를 한결 따스한 시선으로 바라볼 수 있지요.

육아는 엄마 혼자 짊어져서는 안 됩니다. "바쁘니까."라며 엄마에게 모든 걸 떠맡기는 아빠들은 아이에게 가부장적 의식을 대물림할 수 있답니다. 한쪽에만 과중한 부담이 가해지는 불합리한 모습을 보여 줌으로써 올바른 성역할을 가질 수 없게 되는거죠. 너무나도 당연하게 엄마 혼자 집안일과 육아를 책임지는 집안 풍경을 보고 자랐기 때문입니다.

무엇보다 그러한 아빠는 가족 내에서 그 존재와 중요성이 점점 희미해집니다. '우리 가족을 위해서'라는 명분으로 열심히 일하지만 정작 아이가 축하나 위로를 받아야 할 중요한 순간마다 곁에 있지 않는다면 아이는 아빠로부터 사랑받고 있다는 확신할 수 있을까요? '아빠한테 나는 안 중요해.'라고 생각할 수도 있지 않을까요? 이는 아이가 높은 자존감을 형성하는 데 악영향을 끼칩니다. 엄마 한 사람만의 위로로는 아이가 완전한 충만감을 느낄 수 없답니다.

엄마 혼자 육아와 집안일을 짊어지는 것은 본인뿐만 아니라 아이를 해치는 일이랍니다. 그러니 포기하지 말아 주세요. 남편의 관심을 돌리려 노력했지만 이미 여러 번 좌절을 겪어 본 엄마들을 위해 몇 가지 방법들을 소개해 보고자 합니다.

첫째, 남편을 관찰하고 그 입장에서 이해한다

남편이 그다지 적극적으로 관여하지 않는 경우 우선 그 이유를 고민해 보세요. 제일 먼저 떠오르는 이유는 잦은 야근으로 인한 피로겠죠? 혹은 정시 퇴근을 하더라도 8시간 동안 바쁘게 일했기 때문에 집에 오면 쉬어야 한다고 개인적으로 생각할 수도 있습니다. 그런데 그건 아내가 집에서 얼마나 많은 일들을 하고 있는지 몰라서일 수도 있답니다. 집안일과 육아 역시 바깥일과 비슷한 강도라는 사실에 전혀 깜깜한 것이지요. 또한 자신의 아이에게 아빠가 얼마나 필요한지 미처 헤아리지 못한 것일 수도 있고요.

별로 바쁘지 않는데도 참여하지 않는다면 대부분 '집안일, 육아는 여자의 일'이라는 옛 사고방식을 가지고 있기 때문입니다. 그런 남편을 '어차피 안 돼.' 혹은 '말이 통하지 않아.'라고 체념하지 마세요. 보통 남자라면 누구나 일반적으로 가질 수 있는 생각입니다. 자신의 남편에게만 해당하는 일이 아니라는 거죠.

시간을 들여 노력한다면 가부장적인 생각도 얼마든지 바뀔 수 있습니다. 자신이 사랑하는 아내와 아이가 힘들어하고, 절실한 도움을 필요로 한다는 걸 안다면 저절로 돕고 싶은 마음이 들지 않을까요? 가정에선 아빠만이 해 줄 수 있는 부분이 분명히 있답니다. 이것들을 설명해 보는 건 어떨까요?

둘째, 이유에 맞는 각각의 방법을 강구하여 실행에 옮겨본다

그 이유에 대해 생각하다 보면 상대를 이해하는 마음이 강해집니다. 그러면 자연스레 해결책이 나오게 되죠.

이를 가장 쉽게 실행에 옮길 수 있는 방법은 부부가 차분히 이야기를 나누는 시간을 가져 보는 것입니다. 자신이 느끼고 있는 것, 무엇이 힘든지 침착하고 진지하게 남편에게 전해 보세요. 남편의 의견도 끝까지 들어 주세요. 그 속에서 생각지도 못했던 이유를 알게 될 수도 있답니다. 그런 시간을 가져 본 적이 없어 부담스럽거나, 시도해도 소용없다는 생각은 하지 말아 주세요. '안 되면 말고.'라는 생각으로 한번 부딪쳐 보는 겁니다.

얼마 전 이와 관련된 내용의 강연을 한 적이 있었습니다. 그 강연회에 참석했던 엄마가 후에 편지를 보내왔더군요. 그녀는 원래 직장인이었지만, 아이를 낳고 도저히 일을 계속할 수 없을 것 같아 직장을 그만두었다고 합니다. 하지만 그래도 줄지 않는 집안일과 육아에 스트레스만 더 쌓였다고 해요. 누군가의 도움이 절실히 필요한 상황이었죠. 그래서 제 말을 듣고 한번 남편과 이야기해 보려 마음을 먹었다고 해요. 하지만 남편과의 대화가 언제였는지 기억이 나지 않을 정도로 어떻게 시작을 해야 할지 몰라 망설여졌다고 합니다. 그래도 용기를 내어 남편이 좋아하는 만두와 차를 준비하고 그동안 정리해 둔 이야기를 솔직하게 전했더니 의외로 쉽게 남편의 동의를 얻을 수가 있었다고 합니다.

남편과 대화를 시도할 때에는 주의해야 하는 것이 있습니다. 여성과 남성의 화법이 다르다는 걸 아나요? 일반화의 오류로 보일 수도 있지만 대개 남성들은 여성들의 감정적인 말을 듣는 것을 좋아하지 않는답니다. 여성은 자신의 감정을 이야기하는 것을 중요히 여기는 반면, 남성은 사실 혹은 의견들을 논리적으로 주고받는 걸 좀 더 선호하죠. 그래서 "힘들어 죽겠어, 도와줘."처럼 감정이 섞여 들어간 추상적인 말을 들으면 남편은 부담감을 느껴 도망치고 싶어 할 수도 있습니다.

그러니 "화요일에는 당신이 저녁 설거지를 해 주는 게 어떨까? 내가 청소를 하고 있을 때는 당신이 마코토를 데리고 놀아 줬으면 좋겠어."와 같이 구체적으로 바람을 이야기해 보세요. 처음부터 지나치게 욕심 부리지 말고 남편이 해 나갈 수 있는 차근차근 쉬운 것부터 이끌어 보세요. 사소하지만 구체적으로 부탁해 남편에게 습관을 만들어 주는 거죠. 이때 고마움을 표현하는 것도 잊지 않길 바랍니다. 칭찬의 효과는 아이에게만 해당하지 않는답니다.

또한 의논할 때 상대를 비난하는 말은 하지 마세요. 누구든 비난을 받는다고 느끼는 순간 마음을 닫아 버리게 됩니다. 더 나아가 자신을 지키기 위해 공격적으로 변할 수도 있습니다. 그러면 결국 말다툼이 일어날 수밖에 없어요. 그러한 모습을 보는 아이는 어떤 느낌을 받을지 생각해 보세요. 아이를 위해 시작한 행동이 아이를 망칠 수도 있답니다.

셋째, 인내심은 필수 조건!

남편은 결코 쉽게 변하지 않습니다. 단기간에 개선될 것을 기대하고 조바심을 내거나 너무 강하게 압박을 가하면 남편보다 아내 쪽이 먼저 지칠 수도 있어요. 사실 아내의 입장에서 남편에게 무언가를 시켰을 때 그 결과는 아내의 입장에서 항상 만족스럽지 못합니다. 많은 아내들이 그렇게 느끼지요. 쉬운 진공청소기 돌리는 일도 집 안 구석구석 하지 않아 눈에 먼지가 보이기 일쑤이니까요.

하지만 그건 어쩔 수 없답니다. 아내 역시 완벽한 양육자는 아니지만, 남편보다 더 많이 해 왔고, 더 많이 공부하다 보니 능숙할 수밖에 없거든요. 그러니 "이게 뭐야." "이왕 하는 거 좀 잘해 주지 그랬어."라고 채근하지 말아 주세요. 그동안 들인 노력이 모두 헛수고가 될 수도 있습니다.

마치 아이를 대하는 것처럼 생각해 보세요. 잘한 부분을 찾아 칭찬한다면 점점 남편은 그 일을 더 잘하게 될 거랍니다. 어른인지라 그 변화가 더 빨리 올 거예요. 아이를 키우는 것에 비해 인내심이 훨씬 덜 필요하지요. 그러니 남편에게도 결과보단 나아지고 있는 모습 그 자체를 바라봐 주길 바랍니다.

이외에도 가족 모두가 사이좋게 찍힌 가족사진이나 아이의 사랑스러운 모습이 담긴 사진을 아빠 눈에 잘 보이는 곳에 두어 아이에 대한 애정을 환기시켜 보세요. 아빠와 함께 육아 강연회 및 세미나에 같이 참여하거나 인터넷의 따뜻한 글들을 같이 찾아 읽는 건 어떤가요? 육아 모임의 친구들이나 선배 엄마들과 말을 나누거나 인터넷에서 비슷한 이야기들을 검색해 보세요. 많은 공감을 할 수 있을 뿐만 아니라 남편을 바꾸게 만든 효과적인 방법까지 알 수 있답니다.

다른 사람에게 도움을 요청하는 법

피치 못할 사정으로 남편에게서 도움을 받을 수 없는 분들을 위해, 손을 뻗칠 수 있는 다른 사람들에게 친밀하게 다가가기 위한 좋은 방법을 알려 드립니다.

육아의 어려움을 솔직하게 털어놓는다

'자기개시'란 적절한 시기에 자신의 고민, 의견, 감정 등 자신의 내면을 의도적으로 타인에게 드러냄을 의미하는 심리학 용어입니다. 자기개시를 적절하게 이용한다면 많은 사람들과 친밀한 인간관계를 만들 수 있죠. 상대방의 경계심을 없애 자신이 신뢰받고 있음을 느끼게 해주기 때문입니다.

육아에 관한 도움을 구할 때도 마찬가지입니다. 미리 육아에 관한 고민이나 실패, 푸념을 조금씩 상대에게 털어놓는다면, 후에 진짜 자신이 도움을 필요로 할 때 그 사람이 손을 내밀어 줄 것입니다.

단 다음을 주의해야 해요. 자기개시를 하기 전, 상대와의 심리적인 거리를 재어 보세요. 지금까지의 친밀도와 전혀 동떨어진 자기개시는 오히려 상대방과의 관계를 악화시킬 수 있습니다. 상대방은 전혀 그렇게 생각하지 않는데, 진지한 고민거리를 가지고 다가간다면 듣는 이는 부담스럽기 때문입니다. 자기 자랑이나 잔소리도 역효과를 만듭니다. 이는 자기개시라고 할 수 없죠.

자신을 솔직하게 보여 주세요. 진솔한 고민만으로도 충분히 자기개시가 가능하답니다. 아이가 있는 곳에서 자기개시를 할 때에는 유의하세요. "이 아이는 정말로 제멋대로라 큰일이에요."와 같은 말을 아이가 듣게 해서는 안 됩니다. 가령 아이가 없는 곳이라 해도 자신의 아이에 대한 부정적인 이미지를 만들 수 있는 말은 되도록 하지 않는 것이 좋습니다. '그 집 아이는 정말 제멋대로네.'와 같은 이미지가 심어질 경우 물리적인 도움뿐만 아니라 진심 어린 조언을 얻기 힘들 수 있답니다.

할아버지, 할머니는 육아 경험이 있는 사람으로서 가장 훌륭한 조력자랍니다. 다만 그들의 성격에 따라 지나친 걱정이나 상당히 다른 교육관으로 오히려 곤란해지는 경우가 있을 수도 있습니다. 이때에는 육아와 전혀 관계없는 이야기들로 먼저 마음의 거리감을 좁혀 보세요. 경청하는 자세로 다가간다면 분명히 그들의 가장 훌륭한 장점만을 가져올 수 있을 것입니다.

육아가 누구 한 사람에게만 짐이 되어서는 안 됩니다. 아이와 보내는 시간에 나중은 없어요. '아이는 순식간에 크기' 때문이죠. 아이와의 시간은 두 번 다시 돌아오지 않습니다. 그러니 남편이 "나는 바깥일을 열심히 하고 있으니까 육아는 당신이 좀 해."라는 말을 한다면, 진솔하게 이야기할 수 있는 장을 마련해 보세요. 그리고 "같이 하자."라는 말을 당당하게 꺼내 보길 바랍니다. 육아는 엄마만의 책임이 아니랍니다.

제 5장

다음 단계의 교육으로 나아가기 전, 잊지 말아야 할 점들

1. 초심이 옳을까? 욕심이 옳을까?
2. 우리 아이는 대기만성형?
3. 아이가 말을 안 듣는 것은 당연하다

　사실 유아기 교육은 '준비' 시기입니다. 아이가 초등학교에 입학해야 본격적인 교육이 시작되지요. 서로 비슷비슷했던 유아기 때와 달리, 이때부터를 기점으로 평균 100~200만 원을 교육비에 투자하는 집부터 10~20만 원에 불과한 집까지 교육의 형태와 접근이 달라집니다. 불안해진 부모는 다른 집은 어찌하는지 계속 주변을 살피게 됩니다.

　아마도 이 시기부터 부모의 딜레마가 시작되는 게 아닌가 생각합니다. 그전까지만 해도 굳건했던 교육관이 자고 일어나면 달라지고, 자고 일어나면 또 달라집니다. '우리 집도 다른 집처럼 시켜야 하는 거 아닐까? 내 아이만 뒤처지는 건 아닐까?' 이런 고민이 들다가도 '아니야, 지금까지 잘해 왔잖아. 아이에게 너무 많은 것을 바라서는 안 돼.' 하고 마음을 다잡습니다.

　정답이 있지도 않아 부모들은 답답하기만 합니다. 이번 장에서는 이에 대해 이야기해 보려고 합니다. 구체적인 방향을 제시해 줄 수 있다면 좋겠지만, 이에 대해 단언할 수 있는 교육가는 없으리라 생각합니다. "이것이 옳다, 저것이 틀리다."라고 말할 수 없기 때문이죠. 다만 지금부터 들려주는 이야기들이 앞으로 수없이 흔들릴 부모들을 위한 등대가 되길 바랍니다.

　물론 "그럼 안 돼요, 아이에게 이것도 시켜야죠."라는 누군가의 말은 당신을 계속 부채질할 겁니다. 다른 사람의 말, 사회의 눈초리 등 예상치도 못한 일들이 부모의 굳건하고도 올바른 마음가짐을 계속 흔들 거예요. 그때마다 아이를 위한 일이 무엇인지 먼저 생각하세요. 아이를 가장 잘 아는 사람은 당신입니다. 그렇기에 아이를 가장 위하는 일 또한 부모만이 할 수 있습니다.

01
초심이 옳을까?
욕심이 옳을까?

아이가 태어났을 때 느꼈던 감정을 기억하나요? 형언할 수 없는 경이로움과 감동을 느끼며 '어쩜 이리도 사랑스러울까, 태어나 줘서 고마워.'라고 생각하지 않았나요? 분명 그때는 아이가 건강하게만 자라 주길 바라며 아이에게 많은 것을 요구하지는 않았을 겁니다. 보통 이것을 초심이라고 합니다. 이때 엄마들은 아이의 '있는 그대로'를 사랑해 주며 아이가 원하는 대로 육아의 방향을 맞출 것을 결심하지요.

그런데 지금은 어떤가요? '책을 좋아했으면 좋겠어. 학예회에서 발표를 씩씩하게 해냈으면 좋겠어. 배려심이 많았으면 좋겠어.' 등 바라는 것이 많아지지 않았나요? 처음 아이와 마주했을 때를 비교해 보면 어느샌가 마음속 바람들이 무수히 늘어난 것이 보일 겁니다. 보통 부모들은 이 바람들을 다 아이를 위한 것이라고 말한답니다. 그러나 모두 아이가 '아직은' 이룰 수 없는 것들입니다.

초심과 달라진 이 바람들을 보통은 '욕심'이라고 말합니다. 어떤 엄마들은 그런 욕심 때문에 초심을 잃은 자신을 자책하다가도, 마음 한편에는 여전히 아이에게 어떤 걸 교육시켜야 하는지 고민합니다. 어떤 엄마가 그러더군요. 근처 동네에서 명문고 교복을 입고 등교하는 학생들을 보자 아직 만 3세밖에 되지 않은 아이가 저렇게 되려면 무엇을 해야 하는지 골똘히 고민하는 자신을 깨닫고는 깜짝 놀랐다고요. 자신은 다른 엄마들과 다르다는 나름의 자부심이 있었는데, 그게 무너졌다고 말하더군요.

저는 그 엄마에게 자신을 너무 자책하지 않았으면 좋겠다고 했습니다. 사실 아이가 클수록 엄마들의 욕심이 자라나는 건 당연하답니다. 아이가 한 뼘 한 뼘 성장할 때마다 엄마의 기대는 높아지고, 다른 아이들이 무엇을 해냈다는 소식이 들려오면 '그럼 내 아이는?'이라는 비교 심리가 생깁니다. 아무리 굳건한 교육관을 가진 엄마일지라도 초심이 계속 흔들릴 수밖에 없죠. 그러니 모든 엄마들이 자신을 채찍질하며 스트레스를 받지 않았으면 좋겠습니다. 엄마로 살아간다면 그 정도의 내면 갈등은 매우 자연스러운 것이니까요.

오히려 채근할수록 압박감만 높아져 '나는 이렇게까지 널 신경 쓰고 있는데, 너는 왜…….'라는 부정적인 생각이 아이에게 향할 수 있습니다. 반대로 '욕심은 당연한 거야.'라는 생각에 아이를 채근할 수도 있지요. 그러니 마음의 변화를 자연스럽게 받아들여 주세요.

초심과 욕심 사이의 균형

이에 대해 부모가 욕심을 내는 것은 자연스러운 것입니다. 그리고 그 욕심의 정체는 끊임없이 바뀌기 마련입니다. 아이는 지금 모습으로만 크지 않기 때문입니다. 후에 자녀가 초등학교에 입학하고, 사춘기를 겪으면서 무슨 일이 일어날지 우리는 예측하지 못합니다. 인생의 여러 전환점을 맞으면서 어떤 모습을 보여 줄지 지금까지 보아 온 고작 3~5년 정도로는 절대 판단할 수 없습니다. 그래서 부모 역시 한 번 마음먹은 교육관이 어떻게 바뀔지 자신도 알 수 없지요.

그래서 육아의 초심을 버리지 않았으면 좋겠습니다. 육아의 초심엔 아이의 '있는 그대로를 바라봐 주는' 마음이 내재되어 있습니다. 자라면서 끊임없이 변화하는 아이의 외면 뒤에 숨겨진 본질을 꿰뚫어 볼 수 있는 힘이기도 합니다. 그래서 아이의 성장 과정을 자연스럽게 받아들일 수 있도록 도와주지요. 이 초심이 있다면 아이와 보내는 시간이 언제나 즐거울 것입니다.

아이와 행복했을 때 찍었던 사진 속 시절, 매일매일 육아일기 속 써 내려간 아이의 하루하루 성장의 기록들을 살펴봐 주세요. 거기에 우리가 어떤 욕심을 바라지 않아도 즐거웠던 순간들이 기억나지 않나요? 생각해 보면 아이가 아기일 때는 자신에게 아장아장 걸어오거나, 배냇짓만 해도 많은 부모들은 기뻤을 겁니다. 그만큼 아이를 그 모습 자체만으로도 충분히 아름답고 사랑스러운 존재라고 생각하는 초심은 중요합니다.

욕심도 버릴 수 없습니다. 아이에게 바라는 것 자체는 나쁘지 않아요. 건강한 욕심이면 됩니다. '올바르게' 혹은 '제대로' 하기에 아이는 아직 너무나 많은 것들이 처음이고 서투르니까요. 엄마는 잘 기억나지 않겠지만 엄마 역시 어렸을 때 지금의 아이와 같았답니다. 엄마가 이렇게 훌륭한 어른이 되어 한 아이를 키워 내는 사람이 될 수 있었던 것은 우리들을 키워 낸 부모님의 욕심이 있었기 때문이죠.

그러니 욕심을 가지는 것 자체에 너무 자신을 옥죄지 말아 주세요. 올바른 욕심이기만 하면 되지 않을까요? 자신의 가치관으로 그린 모습을 다른 이에게 요구하다 보면 반드시 뜻대로 되지 않는 현실에 부딪칩니다. 게다가 그것을 강요받는 상대의 고통이 뒤따르죠. 심한 경우 서로의 마음을 이해할 수 없는 상태가 될 수도 있습니다.

아이에겐 저마다의 고유한 장점과 모습이 있답니다. 이것들을 잘 독려하여 키워 낸다면 엄마가 예상하지도 못한 큰사람이 될 수도 있는 것이 아이랍니다. 모든 아이들에겐 그만큼의 가능성이 있어요. 단지 그 가능성이 매순간마다 다르게 나타날 수 있을 뿐이죠.

그러니 초심과 욕심, 어느 한 쪽을 택하기보다는 그 사이의 균형을 맞추도록 노력해 주세요. 물론 엄마가 살아왔던 세상 경험들을 생각해 보면 사람은 그렇게 서투르기만 하면 안 됩니다. 그래서 자꾸만 바라게 되는 걸 거예요. 그것이 적당한 욕심이라면 올바른 교육이 되겠지요. 아이가 성장하는 단계에 맞춘 어느 정도의 바람은 아이 성장의 원동력이 될 수도 있습니다. 그러니 부모들은 초심과 욕심 사이에서 소신을 갖고 균형을 유지하는 것이 더욱 중요합니다.

02 우리 아이는 대기만성형?

아이를 기다려 줘야 한다는 사실을 모르는 부모는 없습니다. 알고는 있지만, 아이의 발달이 다른 아이들보다 느리면 자기도 모르게 마음속 답답함이 커져 갑니다. 책에 관심이 없고, 산만하고, 글씨가 조잡하면 엄마는 이내 곧 한탄을 하고 맙니다.

생생하게 느껴지는 교육 격차 안에서 압박감을 느끼지 않기란 쉽지 않습니다. '소신 있는 교육이 중요해.'라는 마음도 아이를 유치원에 보내고 초등학교에 진학시키면서 흔들리기 마련입니다.

조급해하지 마세요. 채 십 년도 못 되는 아이의 시간은 인생 전체의 길이에서 보면 매우 짧습니다. 만약 아이의 삶을 24시간에 비견해 보면, 이제 겨우 한두 시간 지났을 뿐입니다. 스무 살 정도가 되어야 아침 일곱 시쯤 되지 않을까요? 우리는 그날 일어나는 모든 일을 예측할 수 없습니다. 하물며 아이가 어떤 사람으로 성장할지는 전혀 알 수 없습니다. 아이가 지금 서툴고 못하는 것은 잠버릇이 험한 것과 마찬가지입니다. 아이 성장에 아무런 영향을 끼치지 않을 뒤척임 같은 거죠.

실제로 어린 시절에는 신통치 않았는데 어른이 되어서 크게 빛을 본 사례가 정말로 많습니다.

아인슈타인을 예로 들어 볼까요? 20세기 최고의 물리학 이론이라 일컬어지는 상대성이론을 발견한 그는 언어 발달이 매우 늦었다고 합니다. 어릴 때부터 부모가 의사에게 데려가 진료를 받았을 정도였죠. 말을 할 수 있게 되고서도 바로바로 말이 나오지 않아 다른 아이들에게 바보라는 놀림을 받았고 매우 쉬운 단어 철자도 여러 번 틀렸다고 해요. 그러다 보니 어학이나 역사 과목 등에는 서툴러서 학교 시험에선 언제나 낙제를 받기 일쑤였다고 합니다. 결국 대학교 입학 시험에서도 떨어지고 말았죠. 사카모토 료마(坂本龍馬, 에도 시대의 지사志士, 실질적인 일본의 근대화를 이루어낸 인물. 일본에서는 도쿠가와 이에야스, 오다 노부나가와 함께 일본 역사상 가장 유명한 인물로 꼽힌다-옮긴이 주) 역시 어린 시절 이웃 아이들에게 매일 놀림 받던 울보에다가 14세가 되도록 자다가 오줌을 싸서 부모가 크게 걱정했다고 합니다.

하지만 이 두 사람 모두 자신의 이름을 역사 속에 남긴 위인들이 되었습니다. 아인슈타인은 20세기 가장 유명한 과학자로 노벨상을 받았고, 사카모토 료마는 근대 일본을 탄생시키며 국민적 영웅으로 추앙받았죠. 모두 어린 시절에는 부족해 보이는 면이 많았지만 자신만의 개성과 성장 속도로 착실하게 어른이 되어 대활약한 것이죠. 그리고 그 옆에는 그들을 지지해 주는 사람이 있었습니다. 특히 에디슨은 자신을 끝까지 믿어 주었던 엄마 덕분에 과학에 관한 흥미를 잃지 않을 수 있었다고 합니다.

직접 달걀을 품어 부화를 시도했다는 유명한 이야기의 주인공, 에디슨. 그는 호기심이 지나치게 왕성한 탓에 상식을 벗어난 행동이나 이상한 질문만 하여 초등학교에 들어간 지 겨우 3개월 만에 퇴학을 당했다고 합니다. 그러나 전구, 전축, 축음기 등 지금 현대인의 삶에 없어서는 안 되는 발명품들을 만들어 내 죽은 지 80여 년이 지나서도 발명왕이라는 칭호가 그의 이름 뒤에 아직도 붙어 있지요. 그는 다른 사람들이나 학교에서 문제아로 여겨졌지만, 어머니의 정서적 지지 아래에서 홈스쿨링을 한 덕분에 엉뚱한 호기심을 과학에 대한 관심으로 발전시킬 수 있었답니다. 에디슨은 이렇게 회고합니다.

"My mother was the making of me. She was so true, so sure of me; and I felt I had something to live for, someone I must not disappoint.(엄마가 나를 만들었다. 엄마는 진실했고 나를 믿어 주었다. 덕분에 나는 내가 뭔가를 해낼 수 있다는 느낌을 가졌고, 엄마를 실망시키지 않아야 한다고 생각했다.)"

이는 꼭 천재들만의 이야기가 아닙니다. 우리들의 옆에도 대기만성형의 사람은 많이 있어요. 제 동창생 중 한 명은 초등학교와 중학교의 성적이 모두 최하위였지만 기계에 관한 애정과 열정을 그만두지 않고 끝까지 발전시켜 지금은 유명 IT관련 회사를 세 개나 가진 사장이 되었답니다. 제가 가르쳤던 한 학생도 마찬가지였어요. 그 아이는 얼마 전 만났을 때 이런 말을 했었지요.

"저는 공부도 운동도 서투르고 무슨 일을 하든 느렸어요. 인사도 정리정돈도 제대로 못 했지요. 소극적이라 친구들도 적어서 부모는 말할 것도 없고 다른 어른들까지 크게 걱정을 했었죠. 그런데 선생님은 달랐어요. 저를 걱정하기보다 오히려 칭찬의 말을 건네 주셨죠. 그런 경험은 선생님이 처음이자 그 이후로도 거의 없었답니다. 선생님의 그 한마디 덕분에 저는 지금 어엿한 사회인이 될 수 있었습니다."

확실히 그녀는 초등학교 시절 본인이 말한 그대로의 아이였답니다. 그런데 지금 유명 사립대를 졸업하고 대기업에 다니고 있습니다. 모두가 부러워하는 전형적인 엘리트의 전철을 밟아가고 있는 거죠. 부모조차 그녀의 미래를 걱정했었는데 말입니다. 부끄럽지만 초등학교 때 저와 보냈던 일 년이 성장의 발판이 된 듯하여 무척 기뻤습니다.

사람에게는 정해진 성장 시기가 없습니다. 모두 자신만의 성장 속도가 있습니다. 사람에 따라 어린 시절부터 능력이 꽃 피는 경우도 있지요. 그렇다고 해서 그 빠른 개화가 무조건 좋다고는 할 수 없습니다. 어릴 때부터 영재라는 소리를 들으며 기대를 한 몸에 받던 아이가 그 후로 성장하는 폭이 줄어드는 경우가 많이 있기 때문입니다. 어린 시절이 인생의 절정기라면 슬픈 게 아닐까요? 더 많은 길들을 탐험해 보는 즐거움을 놓치게 되니까요.

얼마 전에도 한 초등학교 1학년 자녀를 둔 한 엄마와 이야기를 나눌 기회가 있었습니다. 이런 말을 하더군요.

"옆집 아이와 비교하여 우리 아이는 좋은 점이 하나도 없어요. 옆집 아이는 같은 1학년인데도 굉장히 야무져요. 숙제도 집에 돌아가자마자 바로 해 놓고, 글씨도 바르게 잘 쓰고, 정리정돈도 능숙하고, 심부름도 잘 도와주고, 예의바르기까지 해요. 그에 반해 우리 아이는 시키는 일은 죽어라 하지 않고 하지 말라는 것만 하고 싶어 하고, 공부는 뒷전인 채로 놀기만 해요. 글씨는 읽을 수도 없을 정도고, 정리정돈은커녕 다른 사람의 이야기는 듣지 않고 오로지 자기 맘대로 행동해요."

저는 아무리 들어도 무엇이 문제인지 모르겠더군요. 그저 그 아이는 부모가 바라는 능력의 개화가 늦는 것일 뿐입니다. 그것들이 반드시 꽃을 피우게 되는 날은 찾아오기 마련입니다.

남들이 말하는 평균을 한번 의심해 보세요. 사실 평균이라는 것은 수학적으로 계산해서 나온 함정일 뿐입니다. 위와 아래를 교묘하게 숨겨 놓았을 뿐이죠. '만 3세 아이 평균 키 95cm'라는 수치가 나오기 위해선 100cm, 90cm인 세 살 아이들의 키를 더하고 나눠야 합니다. 그렇게 나온 평균을 우리는 맹신하지요. 평균이 아닌 100cm인 아이나, 90cm아이는 비정상인 걸까요? 평균이라는 덫을 너무 의식할 필요는 없습니다.

내 아이만의 기준으로 아이를 바라봐 주세요. '천천히 성장=늦게 피는 아름다움'이라는 것을 마음에 새기세요. 현재의 육아와 교육은 천천히 성장한다는 발상이 결여되어 있습니다. 출발과 동시에 전력 질주하는 데만 관심을 두고 있죠. 일찍부터 아이가 앞서 갈 필요는 없습니다. 넓고 푸른 하늘을 수놓는 아름드리나무는 둘레가 한 아름이 넘습니다. 그 뿌리는 매우 깊은 땅속까지 뻗어 있을 것입니다. 아이가 스스로 인생을 꽃피워 나갈 수 있으려면 아름드리나무처럼 밑바탕이 튼튼해야 합니다. 그러기 위해선 경쟁보다 인내심을 길러 주고, 부모의 마음가짐을 달리 해야 할 필요가 있습니다.

육아는 엄마를 성장시킨다는 말이 있습니다. 인고의 자세를 기르는 건 힘든 일이에요. 그 자세를 한 뼘 익힐 때마다, 엄마의 마음 역시 한 뼘 성장할 거예요. 앞을 길게 내다보는 눈으로 아이를 바라봐 주세요. 맨 처음 교육 시기가 지나고 다음 교육으로 가더라도 '대기만성'이라는 말을 늘 머릿속에 넣어 두면 아이와 행복한 관계를 만들어 나갈 수 있을 것입니다.

03
아이가 말을 안 듣는 것은 당연하다

"우리 아이는 제 말을 한 번도 어겨 본 적이 없어요. 자연스레 제가 큰소리 낸 적도 없죠. 얼마나 착한 아이인지 몰라요."

저런 말을 하는 사람이 바로 옆에 있으면 엄마의 우울함은 커집니다. 자신의 아이는 그렇지 않기 때문입니다. 모임에서 만난 사람들의 자기 자식 자랑을 듣다 보면 어느 엄마라도 점점 위축이 될 것입니다. 자신의 아이만 말을 안 듣는 문제아인 것 같거든요. 모든 엄마들은 자신의 아이가 '말 잘 듣는 아이'이길 원합니다. 그러나 과연 '말 잘 듣는 아이'가 정말 좋고 건강한 아이일까요?

저는 자신의 아이는 정말 착하다고, 속 한 번 썩힌 적 없다고 자부하는 엄마들을 만나면 그 아이들을 꼭 한 번 보고 싶어집니다. 그 아이들이 정말 착한 아이가 맞는지 의문이 들어요. 왜냐하면 성장하는 아이가 말은 안 듣는 것은 당연하기 때문입니다.

만 3세부터 아이들의 의사 표현은 부쩍 늘어납니다. 점점 싫고 좋음이 명확해지지요. 이는 곧 엄마의 말에 반항하기 시작한다는 의미입니다. 반항은 발달 과정의 자연스러운 현상이에요. 아이 성장의 청신호인 거지요. 완벽한 문장을 구사할 정도로 아이의 언어능력이 성장하면 그 기세는 더욱 강해집니다.

이때 아이가 너무 엄마의 말에 순종적이라면 오히려 걱정을 해야 합니다. 아이의 자율성, 자존감이 제대로 발달하고 있는지 살펴야 합니다. 말을 안 듣는 것 역시 엄마와 나누는 자연스럽고 솔직한 '정서적 교감'의 일부입니다. "하기 싫어요." "저는 그거 말고 이거 하고 싶어요."는 아이의 확실한 의견 표명이지요.

부모와 아이와의 대화는 반드시 교육적이기만 할 필요는 없습니다. 정서가 오가는 교감 역시 부모자식 간에는 필요합니다. 그렇기에 아이의 확실한 거부 의사 표현을 말대꾸나 반항으로만 여기지 말아 주세요. 그것은 아이가 엄마에게 자신의 속마음을 전하는 신호일 수 있습니다. 이를 이해하고 받아들일 때 부모와 아이와의 관계가 진정으로 돈독해질 수 있습니다.

하지만 어릴 때부터 자신의 의견을 거절당하고 강압적으로 부모의 의견을 강요받다 보면 '말을 잘 듣기만' 하는 아이가 되어 버린답니다. 순종하게 되는 거죠. 이런 아이들을 많은 사람들은 착한 아이 콤플렉스에 걸렸다고도 합니다. 이는 어른들로부터 착한 아이라는 칭찬을 받기 위해 아이가 내면의 욕구, 소망을 억누를 때 나타납니다. 그래서 '착한 것=말 잘 듣는 것'이라는 공식을 내면화하는 거죠. 억압적인 교육 환경 또는 부모가 지속적으로 아이의 자발적인 행동을 억압하고 혼내면 생길 수 있는 증상입니다. 그래서 부모와 대화를 나누다가도 자신의 진짜 속마음, 바람을 부모가 싫어할 것 같으면 꾹꾹 눌러 버리기만 합니다. 그러한 마음들이 겹겹이 쌓이면 나중에 문제를 일으킬 가능성이 높습니다. 부모에 대한 원망이 생겨도 계속 쌓아만 두기 때문입니다. 후에 그 아이는 소위 어른들이 말하는 말 안 듣는 아이로 진짜 커 버릴 우려가 있습니다. 오히려 말 잘 듣는 아이가 언제 터질지 모르는 시한폭탄이 되어 버리는 셈입니다.

'말 잘 듣는 착한 아이'는 모든 부모가 바랍니다. 하지만 아이는 본래 부모의 말을 잘 듣지 않는답니다. 자신의 바람과 불일치하는 아이는 앞으로 몇 번이고 만나게 될 모습이에요. 그리고 아이가 커 가는 동안 지금과는 또다른 고민들이 생길 거예요. 실제로도 많은 엄마들이 제게 물어 왔답니다.

"아이가 말을 잘 듣게 하려면 어떻게 해야 하나요?"

전 그런 이들에게 항상 이렇게 말해 왔습니다.

"아이가 말을 안 듣는다는 건, 아이가 올바르게 성장하고 있다는 신호입니다."

사실 자녀교육에서 성공했다고 자부하는 부모들은 아이의 의견을 존중하고 아이와 '대화'를 할 줄 알았습니다.

아이가 말하는 "싫어"를 "왜 이렇게 말을 안 듣니?"라고 혼내기 전에 한 명의 사람으로서 자기 의견을 표현하는 정상적인 신호로 생각해주세요. 커 갈수록 자신의 생각이 확고해지는 아이와 매번 부딪힌다면 아이와 엄마 둘 다 힘들어질 겁니다. 아이를 한 명의 사람으로 인정하고 아이의 말을 존중하면 엄마의 말 역시 아이에게 존중받을 겁니다.

| 에필로그 |

지금이라도 늦지 않았다

"감정적으로 혼내는 것은 큰 폐해가 있다."는 제 말을 들은 부모들은 '맞아. 그동안 나는 너무 감정적으로 대했었지. 너무 심하게 야단치고 말았어.'라고 생각합니다.

또 "칭찬과 공감으로 부모와 자녀의 좋은 관계를 만드는 것이 중요하다."라고 말하면 '매일 화만 냈는데 나와 우리 아이는 괜찮은 걸까?' '나는 여태 뭘 하고 있었던 것일까. 이미 늦어 버린 건 아닐까?' 하고 부정적인 생각에 휩싸입니다.

하지만 이미 책을 구입하고 페이지를 넘기고 있는 당신이라면 충분히 아이와의 관계를 회복할 수 있다고 생각합니다. 부모의 부정적인 한마디, 한마디로 아이에게 큰 트라우마가 남을 수도 있지만, 이를 되돌릴 수 있는 것 또한 부모의 말이기 때문이죠.

부모는 아이가 처음 마주하는 세상입니다. 계속 악화되는 관계로 인해 아이가 세상을 부정적으로 생각하게 하기보다는 조금씩 칭찬과 공감의 말을 들려주어 늦게라도 올바른 삶의 자세를 가지게 하는 것이 낫지 않을까요? 그러니 "좋아, 지금부터라도 해 보자."라고 마음먹어 주세요. 아이와 앞으로 지낼 시간이 지금까지 보낸 시간보다 많으니까요.

늦지 않았습니다. 이 책을 펼쳐든 부모라면 '아이를 위해서 변하고 싶다. 성장하고 싶다.'라는 마음을 가지고 있었을 거예요. 이미 이 책을 읽고 실천에 옮기고 있는 부모도 있을지 모르겠습니다. 혹은 '이건 내 아이에 맞게 살짝 변형해 볼까?' 하며 응용까지 해 보는 부모도 있을 수 있지요.

그런 부모들은 아마 아이와 대치한 경험이 여러 번 있었기에 자신도 모르게 변화에 대한 의지에 이끌려 이 책을 집어 들었을 거라 생각합니다. 저는 단지 그런 부모의 마음에 작은 자극을 선사했을 뿐이죠. 달라져야겠다고 생각하고 마음먹은 것은 오로지 당신의 의지입니다. 그렇기에 그런 생각을 가진 부모라면 이미 모든 준비가 완료되었다고 말하고 싶습니다.

　당신은 이미 좋은 부모입니다. 이제 당신의 한마디로 달라질 집 안의 공기를 맘껏 누려 보길 바랍니다.

3살 엄마의 말 사용법

초판 1쇄 인쇄 2015년 9월 25일
초판 10쇄 발행 2021년 8월 5일

지은이 오야노 치카라 **옮긴이** 최윤영
펴낸이 김종길 **펴낸 곳** 글담출판사 **브랜드** 글담출판

기획편집 이은지 · 이경숙 · 김보라 · 김윤아 · 안수영 **영업** 박용철 · 김상윤
디자인 엄재선 · 박윤희 **마케팅** 정미진 · 김민지 **관리** 박지웅

출판등록 1998년 12월 30일 제2013-000314호
주소 (04029) 서울시 마포구 월드컵로8길 41 (서교동 483-9)
전화 (02) 998-7030 **팩스** (02) 998-7924
블로그 blog.naver.com/geuldam4u **이메일** geuldam4u@naver.com

ISBN 979-11-86650-01-1 (13590)

책값은 뒤표지에 있습니다.
잘못된 책은 바꾸어 드립니다.

이 책은 글담출판사가 저작권자와의 계약에 따라 발행한 것이므로 이 책 내용의 일부 또는 전부를 사용하려면 반드시 글담출판사의 동의를 받아야 합니다.

글담출판에서는 참신한 발상, 따뜻한 시선을 가진 원고를 기다리고 있습니다. 원고는 글담출판 블로그와 이메일을 이용해 보내주세요. 여러분의 소중한 경험과 지식을 나누세요.